U0408872

一堂好课的诞生

——锤炼小学数学“厚重课堂”

张红娜　著

中原出版传媒集团
中原传媒股份公司

大象出版社
·郑州·

图书在版编目(CIP)数据

一堂好课的诞生：锤炼小学数学“厚重课堂”/张红娜著. —郑州：大象出版社，2021. 6
ISBN 978-7-5711-0642-3

Ⅰ. ①一… Ⅱ. ①张… Ⅲ. ①小学数学课-课堂教学-教学研究 Ⅳ. ①G623. 502

中国版本图书馆 CIP 数据核字(2020)第 107792 号

YI TANG HAO KE DE DANSHENG
一堂好课的诞生
——锤炼小学数学“厚重课堂”
张红娜　著

出版人　汪林中
策　划　梁金蓝
责任编辑　连　冠
责任校对　牛志远
装帧设计　王　敏

出版发行　大象出版社(郑州市郑东新区祥盛街 27 号　邮政编码 450016)
发行科　0371-63863551　总编室　0371-65597936
网　址　www. daxiang. cn
印　刷　郑州瑞特彩印有限公司
经　销　各地新华书店经销
开　本　720 mm×1020 mm　1/16
印　张　14. 25
字　数　207 千字
版　次　2021 年 6 月第 1 版　2021 年 6 月第 1 次印刷
定　价　42. 00 元

若发现印、装质量问题，影响阅读，请与承印厂联系调换。
印厂地址　郑州市荥阳科学大道与棋源路交会处
邮政编码　450199　　电话　0371-85295688

序一

2018 年十一假期，我认真阅读了张红娜老师的书稿，心中充满感动。这是张红娜老师作为一名教师的成长与实践历程的记录，也是她作为一名教研员带领数学团队在小学数学教学道路上的探索和研究的记录。她用近 30 年的时间坚守数学教学实践，不断学习、积累、研究，提出了“厚重课堂”的教学主张，并不断进行实践探索。这本书立足课堂教学，从不同角度对“厚重课堂”的探索和实践进行了阐述，今天终于成书，愿与大家一同分享。

围绕着“教材研究”“课堂研究”“儿童研究”，张红娜老师和团队多年来不断积累、实践、探索，努力寻找适合儿童的数学课堂教学途径，她的研究也为我们提供了借鉴。

书中充满着情感。我深刻感受到张老师是一位善于研究、懂得爱的老师。她爱学生，用心研读学生，真诚走进学生，真心与学生交朋友。她爱数学，为了这份爱，她扎根一线，潜心研究。她爱教师，她是一位爱上课的教研员，在课堂教学中她敢于下水，有自己的思考和尝试，勇于为一线教师做示范，她和老师们一起摸爬滚打，用心做青年教师专业成长路上的知心朋友和良师益友。

书中记录着成长。张红娜老师在书中讲述了自己在不断学习—实践—积累—提升的过程中是如何做“学习型”“经验型”“反思型”“专家型”教师的。她通过不断品析专家课堂与自己课堂教学实践的不同，反思自己，感悟数学教育的真谛；通过实践中一次次案例的积累，促使自己不断反思、研究，不断促进自身的成长。学习—实践—反思—积累应该是我们青年教师成长的重要路径。

书中体现着研究。张红娜老师借由“一类知识的整体把握、一个单元知识的调整补充、一节课的质疑完善、一道题的创新改编”告诉我们怎样“读懂教材”，通过“课前准确选择教学的起点、课中合理做出教学的决策、课后正确把握教学的走向”告诉我们怎样“读懂学生”，从“名师、名家的教学艺术赏析”以及自己“一节节不同领域、不同课型、不同风格的教学案例”中告诉我们怎样“读懂课堂”。教师只有对学科、学生、课堂有着系统的、深刻的、准确的理解，才能正确、全面地把握学科知识，才能不断提高自己的专业素养，不断丰富自己的学识，提升自己的教学境界，才能为学生提供“好吃又有营养”的数学大餐。

读懂教材、读懂学生、读懂课堂的过程，也是不断反思、不断积累、不断成长的过程。书中的每一篇文章都是张红娜老师基于教学中出现的真问题进行的教学实践研究的所得，每一次新获得，都是一次重要的成长经历，教师的进步与成长就从这“一日三餐”的常态课堂上起程。期待张红娜老师及其团队在未来数学教育的实践中能给我们提供更深刻的启发。

吴正宪

序二

2010年，正值我从教20周年。在20年教学实践与教学研究的基础上，经过深入反思、认真学习和反复论证，我正式提出了小学数学“厚重课堂”的教学主张，并确定以“小学数学‘厚重课堂’的探索与实践”为课题，组建课题组进行研究。该课题2011年正式申报，当年被批准立项为河南省教育科学“十二五”规划重点课题；2014年结题并符合免于鉴定条件，直接获得“优秀”等级；2015年获河南省教育科学研究优秀成果一等奖；2016年获河南省基础教育教学成果一等奖。

该课题着重围绕小学数学“厚重课堂”所应具备的课堂教学质量标准（追求“五感”——情感、实感、动感、灵感、效感；突出“五味儿”——数学味儿、生活味儿、文化味儿、趣味儿、人情味儿）展开，提出达到该研究目标应具备的前提和保障是要求教师要做“厚重教师”（厚练功底、厚研教材、厚读学生、厚析课堂、厚积反思）。在课题研究的过程中，我们针对如何突出重点、难点开展工作，努力引领广大教师具有做“厚重教师”的意识和行为。

几年来，在各级领导的关心支持下，在全国众多知名专家的专业引领下，课题研究面向学科教师，主抓课堂教学，立足教师专业发展，取得了一定的成果。“厚重课堂”的教学主张得到了提炼和提升，深受好评，产生了一定的影响。现将多年来的学习、思考与实践整理出来，期望在和老师们交流分享的同时，得到大家的批评和指教，也期望和同行们一起，锤炼出厚重的数学课堂。

张红娜

目录

什么是“厚重课堂”

如何锤炼“厚重课堂”

“厚重课堂”典型案例

什么是“厚重课堂”

本章内容具体阐述了“厚重课堂”的提出背景、具体内容和遵循的原则等。从理论层面对“厚重课堂”进行介绍，相信读者对“厚重课堂”的意义及内涵会有一定的了解。

“厚重课堂”的提出

一、课堂教学的意义

我们都知道，学校工作以教学为中心，教学工作以课堂为中心。课堂教学是构成整个学校教学工作的核心和磁场，抓住了课堂，便抓住了教育的命脉，课堂教育便满盘皆活。

尽管随着现代教育技术的发展有了远程教育，随着电脑的普及有了家庭上网学习，但是，课堂教学仍然是世界各国学校教育的主要形式，仍然是人才培养的主阵地和主渠道。

据统计，一个学生完成普通教育大约要上一万节课，一名小学生大约 90% 的在校时间是在课堂上度过的。可见，课堂学习是中小学生学习生活的主要内容。

课堂是学生形成自我、展现自我、完善自我的广阔舞台。困惑无知的孩子从各个家庭汇集到学校，边学习，边生活，边成长。他们最终带着学校中积淀下来的知识、技能、信念、智慧、习惯、兴趣等走入社会。课堂生活是他们认识的奠基阶段，将直接影响他们一生的生命质量。

课堂是学生获得成长的场所，也是教师实现人生价值的舞台。教师教学的高效直接关系到学生学习的高效。40 分钟的课堂，意义不同：对教师来讲，同一内容，以后还有多次讲授的机会；对学生来讲，却仅有一次课堂学习的机会。每个 40 分钟都是教师走进学生并与学生进行生命对话的历程。

著名教育家叶澜教授说：“课堂教学蕴含着巨大的生命力，只有师生们的生命活力在课堂上得以有效发挥，才能真正有助于学生的培养和教师的成长，课堂教学才有真正的生命。”

著名特级教师吴正宪说：“教师工作是我生命中的重要经历，我在年复一年、日复一日地付出、奉献，我也在年复一年、日复一日地收获。我收获了孩子们的那份真诚与渴望；收获了老师们的那份热情与期待；收获了社会的认可与尊重。同时我也在探索教育教学改革的道路上，获取了自身成长过程中的成功和快乐，实现了个人生命价值与教师职业价值的和谐统一。”

因此，课堂教学的意义重大。重视并发挥课堂教学的作用是每个教育工作者的神圣使命，锤炼出一堂堂好课是教师义不容辞的责任和担当。

二、国内外研究现状

课堂作为师生“教”与“学”的主阵地和主渠道，课堂教学的教育意义和价值需要国内外广大教育工作者进行精深研究。

苏联教育家巴班斯基在所提倡的“班级授课制”中早就强调了课堂教学的重要性。苏霍姆林斯基在《给教师的建议》和赞可夫在《和教师的谈话》中教给教师们更多的则是有关课堂教学的艺术……

我国自古以来也有众多教育家为课堂教学的改革、发展和创新做出了卓有成效的努力。尤其是新中国成立以来，课堂教学更是在“百花齐放、百家争鸣”中焕发出了前所未有的光彩：李吉林老师提出了“情境教学”，邱学华教授提出了“尝试教学”……新课程实施以来，围绕课堂教学所展开的研究和探索更是层出不穷：张奠宙教授倡导的“高效课堂”，黄爱华老师呈现的“智慧课堂”，窦桂梅老师追求的“理想课堂”，许卫兵老师探索的“简约课堂”……

还有，吴正宪老师用真情和智慧演绎的“知情交融”课堂，其中所呈现出的“八大课堂”——真情流淌的生命课堂、经验对接的主题课堂、思维碰撞的智慧课堂、机智敏锐的灵动课堂、纵横联通的简洁课堂、以做启思的实践课堂、追本溯源的寻根课堂、充满魅力的生活课堂。这“八大课堂”让课堂教学的内涵更加丰富，探索和研究更显“血肉丰满”。

这些课堂虽然名称不同，侧重点不同，风格不同，但其实质——对“理想课堂”的追求是相通的，而且是没有止境的。

然而，纵观国内关于“厚重课堂”的研究，特别是针对小学数学学科方面的研究，目前还没有系统、深刻的阐述。虽然一些文章有所涉及，如《让数学课堂变得厚重——“购物小票（小数加减法）”课堂实录与反思》《数学课因何而厚重》《求真求实才能让课堂变得厚重》《自然的课堂　厚重的文化——听张齐华老师上课有感》等，但是，它们往往只涉及一两个方面，缺乏深入的探索和详细的论述。

三、课堂教学现状

自课改以来，广大小学数学教师的教育理念、教学行为、教学效果等都发生了可喜的变化，但也存在一些问题：课堂教学过分追求形式主义，忽视了数学教学的本质和内涵，致使有形而少神，不能做到形神兼备；教学呈现出肤浅和浮华景象，缺乏深刻和厚重；很多教师热衷于模仿名家，热衷于“一课成名”，而少了静心学习，潜心钻研；课堂教学的无趣和效率低下也加重了学生的学习负担；等等。

我们认真分析后认为，出现这些现象的主要原因是教师的业务素质还达不到新课程理念的要求。业务素质欠缺的原因是多方面的：教师的教学功底不够厚实，不能正确理解和把握新课程的精神实质，不能深刻研读和精通教材，不能深入细致地品读学生，不能正确分析课堂教学中存在的问题，不能对自己的教学行为进行深度的反思，等等。

四、“厚重课堂”的提出

依照《基础教育课程改革纲要》的精神和《义务教育数学课程标准（2011 版）》的理念，依据课堂教学的现实和深远意义，分析国内外研究课堂教学的概况及趋势，结合我国小学数学新课程改革以来的现状，联系我市小学数学的教改实际，受众多教育名家先进教育思想的启发，学众家之所长，再融入自己的思考，我们于 2010 年正式提出了小学数学“厚重课堂”的教学主张，并以此为主题开展了一系列的探索与实践活动，力求为课堂教学的进一步发展做出积极贡献。

“厚重课堂”的内涵

一、“厚重课堂”的界定

《多功能现代汉语辞海》(张俊宏主编，吉林大学出版社,2003 年）对“厚重”一词的解释为:“形容词。合成词，联合型。①既厚又重；浑厚。②丰厚。③厚道、憨厚。与‘单薄’义反。”

由此将“厚重课堂”界定为：本色的、厚实的、丰厚的、饱满的、有丰富内涵的、适合学生的课堂。它呈现的是一个立体的课堂结构：有长度、有广度、有深度，教学效果外显于“五感”，内涵于“五味儿”，既具有科学性，又具有人文性。它符合课改理念，顺应时代发展潮流，是对学科课程标准理念的深入学习、有效把握和创新落实，是小学数学教学追求的理想课堂。

二、“厚重课堂”的内容框架

经过精心筛选，我们提炼出了“厚重课堂”的基本内容框架：

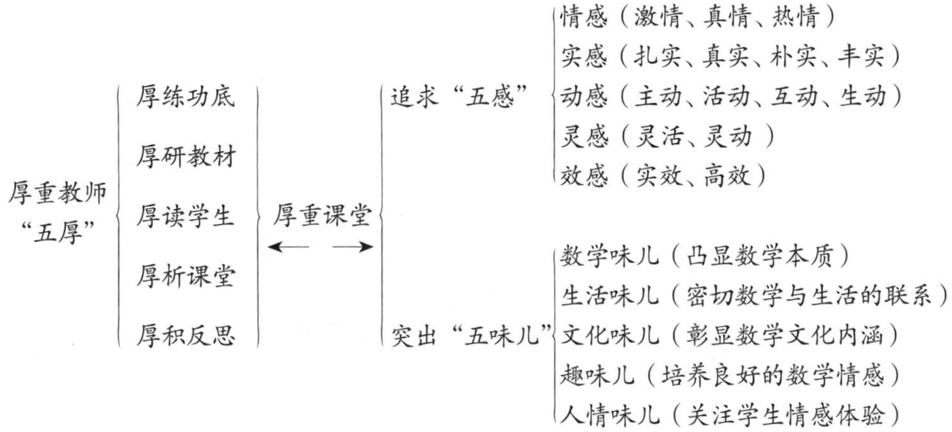

从以上内容框架可以清晰地看出，“五感”和“五味儿”是“厚重课堂”所追求的理想课堂状态。而做一名具有“五厚”功力的“厚重教师”，则是达到该理想效果的必备前提和重要保障。

三、“厚重课堂”的质量标准

“厚重课堂”既有各科教学相通的标准，也有小学数学教学独有的标准。具体质量标准见下表：

	类别	项目	具体质量标准	补充说明
厚重课堂	“五感”	情感	教师要热情面对、激情投入、真情付出，还要与学生情感互通和共鸣。	与其他学科相通的质量标准（外显于课堂状态）。
		实感	课堂教学要扎实、真实、朴实、丰实，回归原态、返璞归真。	
		动感	教师要创设生动有趣的活动，加强师生、生生互动，引导学生积极主动参与学习，使课堂呈现生动的教学局面。	
		灵感	灵活驾驭课堂，机智灵动把握动态生成，让课堂更灵动。	
		效感	教学有效，讲究实效，追求高效。	

续表

	类别	项目	具体质量标准	补充说明
厚重课堂	“五味儿”	数学味儿	把握数学本质，渗透数学思想方法，沟通知识间的内在联系，培养数学思考等。	数学学科独有的质量标准（内涵于教学全程）。
		生活味儿	密切数学与生活的联系：从生活中提升数学，用数学解决生活问题。	
		文化味儿	挖掘数学的文化因素，彰显数学的文化内涵，从文化视角看数学，用数学浸润文化。	
		趣味儿	让学生喜欢数学，对数学学习和探究有浓厚的兴趣，体会到数学学习的意义和价值，具有良好的数学情趣。	
		人情味儿	对学生的数学学习给予人文关怀，关注学生的学习起点、学习状态、学习差异和内心的情感体验等。	

“厚重课堂”的原则

针对“厚重课堂”的意义和标准，我们提出以下应遵循的教学原则：

一、科学性原则

教育是科学，科学的价值在于求真。数学又是研究数量关系和空间形式的科学。所以，数学教学更应该尊重科学，遵循规律，要有科学的研究态度和科学的研究行为。

二、理论性原则

理论是实践的基础和保障，实践要有理论做支撑。理论要在实践的基础上进一步提升，发展得更加完善、丰富、有说服力。通过学习和探索，形成厚重课堂的理论体系。

三、实践性原则

实践是检验真理的唯一标准，实践是获取真理的不竭源泉，教学即是实践。教师要从自身做起，从小问题做起，从课堂做起，积累鲜活的一手经验，不断丰富和提升教学理论。通过探索实践，要积累大量的关于“厚重课堂”的教学案例。

四、整体性原则

要树立整体的课堂教学观。要从整体上认识和把握“厚重课堂”的内涵，有整体的认识和行为，还要有整体的教材观、学生观和质量观。“厚重课堂”教学目标的细化，需要从整体上进行把握。

五、差异性原则

学生有差异，教学要因材施教。教师同样存在差异，这差异有城乡差异、能力差异等。我们允许“不同的学生在数学上得到不同的发展”，也同样允许“不同的教师打造出不同的‘厚重课堂’，在探索实践中有不同的提高”。拿研读教材来说，教师有着不同的自身条件，可能只是分别具有读懂、读透、读厚的能力，我们允许有这样的差异存在，只要通过努力，教师们的教学意识和行为在原有基础上有进一步的提高，我们所期望的目标就能达到。

六、人文性原则

教育的对象是人，是鲜活的生命。我们在给予学生知识的同时要给予更多的人文关怀。“情感”和“人情味儿”的提出便是对这一理念的最好诠释。

七、艺术性原则

教育是科学，更是艺术。好的课堂常常能带给学生艺术般的享受，它要求教师要有高超的教学技巧、灵动的教学智慧和精湛的教学艺术，这正是我们倡导的“厚重教师”的内涵。

如何锤炼“厚重课堂”

“厚重课堂”作为理想的课堂，如何锤炼和打造？我认为，关键在教师。教师厚重，课堂自然就会厚重。为此，我们提出了“厚重教师”的教学理念和专业要求。

“厚重教师”是饱满的、立体的教师，这就要求教师要有精深的学术水准和高尚的道德修养、深厚的教学功底、前瞻的教育教学理念、精湛的教育教学技艺等。这是教育对教师提出的理想标准和行为规范，更是教师专业成长的理想境界和追求。具体的要求见下表：

<table>
<tr><th></th><th>项目</th><th>具体行为规范</th><th>补充说明</th></tr>
<tr><td rowspan="5">厚重教师</td><td>厚练功底</td><td>苦练教学基本功：要学习教育教学理论，教育教学法规，教育教学文献、文件，学科课程标准理念、要求；掌握教育教学规律，探讨教学方法；苦练教育教学基本功，如师德、语言、板书、气质等。</td><td rowspan="5">单看各部分均为平面教师，综合看，即为饱满的、厚重的立体教师。</td></tr>
<tr><td>厚研教材</td><td>潜心研读教材：通晓相关学科知识，通览本学科知识，精通本学段知识；整体把握课标和教材，并娴熟驾驭教材；深挖教材所蕴含的教学资源，尊重教材并创新使用教材；树立正确的教材观。</td></tr>
<tr><td>厚读学生</td><td>真心研读学生：关注学生的已有经验、认知起点和学习需求；关注学生的真实思维和学习状态；关注学生的学习反馈和情感体验；树立正确的学生观。</td></tr>
<tr><td>厚析课堂</td><td>用心研析课堂：制订并实施课堂教学计划；规范课堂教学行为；把握课堂教学生成；分析课堂教学得失；提高课堂教学质量，追求课堂教学高效。</td></tr>
<tr><td>厚积反思</td><td>有心积累教学反思：反思学习、反思教学、反思生活等；积累观后感、教后思、学后想、体后悟等；在积累的基础上及时、有效地提升，厚积而薄发，生成新的教学智慧，做专家型教师。</td></tr>
</table>

我结合自身的专业成长经历和体悟，从厚练功底、厚研教材、厚读学生、厚析课堂、厚积反思五个方面对如何做“厚重教师”提出了具体的专业成长建议，愿与老师们共勉。

厚练功底

著名特级教师吴正宪说过："好课不是说出来的，不是模仿出来的。好课要反复研磨，一定是从心灵深处流淌出来的。"

"好教师不是教出来的。好教师一定是在长期的教育教学实践的摸爬滚打中历练出来的。"

"我们坚信，每个教师都具有教学知识、能力、经验等方面的资源，每个教师经过努力都可以成为一名好教师。"

每个教师内心深处都渴望成为好教师。但好教师的成长没有捷径可走，它需要教师练就深厚的教学功底，这是成为好教师的重要保障。每个教师都要走"学习—实践—积累—提升"的专业成长之路，通过学习滋养底气，通过实践练就勇气，通过积累增加灵气，通过提升造就名气，从而厚实功底，涵养内心，强根固本。

下面，从厚功底、勤实践、善积累、会提升四个方面和老师们探讨如何从学习型、经验型、反思型、专家型等单一平面型教师成长为立体型的"厚重教师"。

厚功底——做学习型的教师

在当今飞速发展的新时代，不管什么年龄，什么职业，都要树立终身学习的思想，学习已成为社会每个个体共同的行为。

叶澜教授指出，对教师而言，学习不仅仅是对外在变化的一种适应，更应该是内在的一种自觉，是来自教师内心深处的个人所需，是一种自我的要求。只有学习成为教师的生活习惯时，教师的职业生活状态才会不断改变。

可见，对教师而言，学习更是刻不容缓，时不我待。

我们要从以下五个方面来加强学习：

1. 向书本学习

“问渠那得清如许？为有源头活水来。”教师这个职业更需要我们博览群书。

课程标准是书，教材和教参也是书。研读课标、钻研教材和教参的过程就是读书学习的过程。这也是年轻教师要读的“当务之书”。记得自己刚刚走上工作岗位时，大量的精力都用于研读大纲、教材和教参：假期先备一学期的课，每周末再熟悉下一周的课，每晚再熟备第二天的课。慢慢地，我又有了整体研读整个小学阶段学科教材的意识和行为，对教材的结构和知识体系有了整体把握。随着经验的积累，我意识到了研读相关学科教材的重要性。通过研读相关学科知识，精通本学科教材，自己慢慢具备了广博与精深的知识结构。

教学理论书籍要读，教学杂志也要读。为了具备深厚的教育理论基础，我一直订阅和借阅大量的教育刊物，《小学教学》《小学教学研究》《小学数学教育》《小学数学教师》等杂志是我从教以来必订和必读的刊物。《给教师的建议》《和教师的谈话》等教育名著一直是我的教育“字典”和“工具”。读教育理论书籍需要静心，有时候还要学会带着任务去读，这样方能读得进、读得透。2001 年，我在河南大学参加了为期半年的“百千万人才工程”省级学科带头人的学习和培训。其间，第一次拜读了苏霍姆林斯基的《给教师的建议》，虽然做了不少的笔记和摘抄，但理解还是不够深入。如今，随着自己的知识沉淀，再带着科研任务来读此书，才真正感受到了大师之大！

教育之外的书籍我们也要读。因为，书籍的“气脉”是相通的。它可以启迪我们的心智，触发我们教育的灵感。我曾经在《读者文摘》上读到崔永元的一篇文章，深受触动……

当数学是灾难时……

崔永元

大概是到了发育的年龄，我整天想入非非，经常盯着黑板发愣。数学老师把教鞭指向右边又指向左边，全班同学的头都左右摇摆，只有我岿然不动。于是他掰了一小段粉笔，准确无误地砸在我的脸上。

数学鲁老师说，你把全班的脸都丢尽了！

“嗷——”全班一片欢呼，几个后进生张开双臂，欢迎我加入到他们的行列。

从此我的数学成绩一落千丈，患上了数学恐惧症。

高考结束，我的第一个念头是，从此再不和数学打交道了。

38 岁生日前一天晚上，我从噩梦中醒来，心中狂跳不止。刚才又梦见数学考试了：水池有一个进水管，5 小时可注满，池底有一个出水管，8 小时可以放完全池的水。如果同时打开进水管和出水管，那么多少小时可以把水池注满？呸！神经吧，你到底是想注水还是想放水？

有一天，我去自由市场买西瓜，人们用手指指点点：这不是“实话实说”吗？我停在一个西瓜摊前，小贩乐得眉开眼笑：“崔哥，我给你挑一个大的，一共是 7 斤 6 两 4，1 斤是 1 块 1 毛 5，崔哥，你说给多少钱吧？”

我忽然失去控制，大吼一声：“少废话！”

对我来说，数学是疮疤，数学是泪痕，数学是老寒腿，数学是类风湿，数学是股骨头坏死，数学是心肌缺血，数学是中风……

当数学是灾难时，它什么都是，就不是数学。

所以，我请求各位师长手下留情，你不经意的一句话，一个举动，或许会了断学生的一门心思，让他的生命走廊中少开一扇窗户。

我在《读者》2013年第16期“卷首语”中看到下面这篇文章后，陷入了对教育的深度思考……

你不是已经努力了吗

［新加坡］尤今

日本电视剧《阿信》中，有一个片段深深地触动了我。

在日本传统发型渐不流行的当儿，阿信在师傅的鼓励下做西洋发型。一日，店里来了一位时髦的客人，指定要做西洋发型，师傅大胆地让当时还是学徒的阿信出来接待。客人表示要做“遮耳发型”，而且，声明不要烫得太卷。阿信仔细观察了她的脸型，觉得微卷的遮耳发型不适合她。于是，在客人打瞌睡的当儿，阿信擅做主张，为她烫了一个波浪形的新发型。发型做好后，客人睁开了惺忪的双眼，只朝镜里一看，便像被人戳了一刀似的，气势汹汹地喊了起来：“哎呀，你怎么做成这个样子！”阿信诚惶诚恐地应道：“我觉得遮耳发型不适合您，这个新发型完全是依照您的脸型设计的！”客人对着师傅大喊大叫：“你怎么搞的，居然请这种人为客人做头发！”师傅沉着地应对：“对不起。如果您不满意，我们就不收钱好了。”客人分文未付，扬长而去。阿信泪流满面，几近崩溃。师傅不顾店里其他人的冷言冷语，温和地对阿信说道：“你不是已经努力去做了吗？不要放在心上。”

简简单单的两句话，给了阿信继续拼搏的勇气。没过多久，那位大发雷霆的客人上门来道歉，指名要阿信再为她做头发，因为上次的新发型得到了她朋友们的一致赞赏。

如果说阿信是千里马，她的师傅无疑便是伯乐。当伯乐，除了慧眼之外，慧心亦同等重要。慧心指的是包容的心、宽厚的心。一旦肯定了千里马的才干，便放手让它恣意驰骋，切莫因一次的失误而否定它日行千里的能力。

这些文章引发我们对教育的思考，值得我们好好学习和借鉴。作为教师，我们要多读书，读好书，好读书。只有善于学习，博览群书，才能在教学中做到旁征博引，融会贯通。

2. 向专家学习

如果说教育是一门艺术的话，那要掌握这门艺术并非易事。尤其是刚走上岗位的青年教师，“拜师学艺”更显得尤为重要和必要。每每看到优秀教师的课堂知情交融、妙趣横生、扎实高效，看到他们富含哲理的文章，总能感觉到自己与他们的差距之大。同时，常萌生出要“拜师”的念头，渴盼得到专家的引领。备感荣幸的是，在我的专业成长道路上，我得到了众多专家的热情帮助和专业引领。其中，有两位成了我终身的“师父”。

1992 年，刚刚有两年教龄的我，有幸成了当时许昌市教研室小学数学教研员、特级教师赵琦老师的徒弟。从此，我的成长之路上就多了一位不是亲人胜似亲人的引路人！

工作上，她严格地要求我。怎样备课，怎样上课，怎样批改作业，怎样进行教学反思，怎样撰写教学论文等，她都手把手地教我，并且经常走上讲台，亲自给我上示范课，她上的“商不变的性质”等课至今还深深地印在我的脑海里。在她的“传、帮、带”下，我得到了快速地成长。

1995 年，经过选拔，我被确定代表许昌市参加河南省优质课大赛。在赛前的那段日子里，她陪我一起选课、备课、试讲、讨论……没有条件录像，她就亲自把我的试讲过程用录音机录下来，然后对照录音进行指导，供我学习和反思。为了我有更充裕的时间准备，她还亲自帮我带班，处理日常教学中的其他事务……在去参加比赛的路上，我把“分数的基本性质”一课一句一句地讲给她听，她先以孩子的童真一句一句地回答，然后再以师父的严厉一字一句地帮我推敲，我们就这样不厌其烦地进行一遍又一遍的演练。到达比赛地点后，她又忙着陪我一起见学生、看会场、试投影，寸步不离我左右。比赛进行时，她双手合十，来来回回地踱在台子的一侧，为我紧张，为我祈祷。比赛成绩揭晓后，她又像孩子一样，与我紧紧拥抱，一起高兴，一起流泪……

生活上，她更是加倍地关爱我。有什么困难，她都会热心相助。我们成了无话不谈的朋友。一有时间，我们就在一起聊天。事业、家庭、人生等都是我们聊的内容。1999 年，病魔夺走了我父亲的生命。她知道后非常难过，那段时间，她不停地写条子安慰我、鼓励我：

红娜：

心情稍微好点了吗？甚念。

在洛阳听课，每位代表都发了一本参赛教师的教案，我顺便给你买了一本。请笑纳。

迅速从痛苦和悲伤中走出来，潜心搞好教学和科研，坚持写好教后记。在“培养学生的创新意识”上下功夫，试着写一篇有关这个课题的文章，争取能参加明年全国年会的评比——这是我对你的希望！

祝健康愉快！

赵琦

1999 年 10 月 21 日

就这样，她高尚的人格魅力和敬业奉献的精神，时时处处地潜移默化地影响和感染着我。我们这对“忘年交”犹如一对母女，相亲相爱一路走来。

如今，退休后的她像以前一样，依然钟情着教育事业，牵挂着青年教师的成长，继续深入学校，以师带徒……经她一手培养的徒弟已经成为小学数学教学的中流砥柱。每年的教师节，我们这些徒弟们聚在一起共同为她庆祝节日的时候，也是她最开心、最幸福的时候。我们虽然口头上都叫她“师父”，但从心底里更愿称她“妈妈”。我感恩“妈妈”，是她给了我一双隐形的翅膀，让我能够勇敢地飞翔！

2009 年 5 月 8 日，一个让我企盼已久的日子！一个令我终生难忘的幸福时刻！在领导和同事们的祝福中，我和心中仰慕已久的“大家”吴正宪老师正式喜结师徒！十六年的“拜师梦”终于变成了现实！当天晚上，我难耐激动，写下了《圆梦》一文记述了我长达十六年的追梦过程。

圆 梦

和众多年轻人一样，我也是“追星族”。不过，我追的不是歌星和影星，而是著名的特级教师、小学数学界的大家——吴正宪老师。

1993 年，在洛阳召开的一次会议上，我聆听了吴正宪老师的两节课——“长方体和正方体的认识”和“数的整除复习课”。吴老师把长方体和正方体的特征编成了顺口溜——“六面八顶十二棱，面面都是长方形（正方形），对面（面面）相等对棱（棱棱）等”，让学生在浓厚的兴趣中很快地理解和记忆它；把“数的整除”的知识整理成了一张网状结构图，让学生从中感受了知识的联系与发展……我第一次被这样美妙的数学课堂震撼了！从此，吴老师就成了我心中遥不可及的“星”！

1996 年，因为有吴老师的课和报告，我让爱人请假陪我到湖南张家界参加会议。会上再次领略了吴老师的风采，并且会后近距离地接触了她。吴老师知情交融的课堂、平易近人的态度深深地感染了我们。从此，她成了我们家共同追逐的“星”！

1999 年和 2004 年，我们教研室先后两次邀请吴老师到许昌指导工作，吴老师饱满的工作热情、高尚的人格魅力、深厚的文化底蕴、前瞻的教育理念、精湛的教学艺术深深地折服了同行们。从此，德艺双馨的吴老师又成了我的同事和当地同行们心中的“星”！

就这样，十几年来，吴老师一直在我心中。我“复制”她的课，读她写的书，学习她的文章，看她执教的“空中课堂”，走进她的“小学数学教师工作站”……那样执着和痴迷。我甚至梦想有朝一日能成为她的徒弟，在她的指导下更好地成长。但勇气一次次地告诫我——差距太大，需要努力。2008 年教师节那天，当我鼓足勇气把心中多年来的愿望提出来时，没想到电话那边的吴老师竟那么爽快地答应了。那一刻，我的泪水夺眶而出……

2009年5月8日，一个苦苦企盼的日子！一个令我终生难忘的幸福时刻！我和吴老师终于再次相见于许昌，在领导和同事们的祝福声中，我们喜结师徒！十六年的梦想终于变成了现实！那一刻，我高兴、激动、幸福、感慨……千言万语竟不知从何说起……

有梦想就有希望，圆梦又燃起了我新的希望。我会把这次的圆梦作为人生的新起点，在师父更多的爱的沐浴中，更加健康、幸福、勤奋地成长，不负吴老师和大家对我的厚爱和厚望！

拜师会上，吴老师深情地嘱咐我要“做人、做教师、做学问”，“作为教研员，要真正做到‘研究、指导、服务’，要在研究状态下去工作，在工作状态下做研究。始终保持一种良好的职业状态，通过创造性的教学活动，为基层教师提供高效优质的研修服务，在与教师学生的共同发展中享受教研员工作的幸福与快乐”。

吴老师的厚爱和厚望让我的教育人生有了新起点，有了高追求！在今后的教研工作中，我将时刻牢记师父的谆谆教导，既要仰望星空、心怀梦想；又要脚踏实地、追逐梦想。因为，有梦想就有方向，有方向就有力量……

除了赵琦老师、吴正宪老师，我还幸运地接受了更多老师们的关爱和培养，有教育局领导的关心和鼓励，有单位领导和同事们手把手的教授，有更多名师名家们热情洋溢的鼓励和更专业的引领……虽然没有鲜花，也没有仪式，但从心底里，他们都是我的师父。是他们，让我更加充满自信、健康而又幸福地成长！

3. 向同伴学习

在成长的过程中，我们始终要相信：每个人都有值得自己学习的地方，集体智慧碰撞产生的力量是无穷的。因此，教师之间要相互学习，取长补短，碰撞智慧，这样才能在提高个人专业素养的同时提升教师队伍的整体素质。

向同行学习，首先是向老教师学习，这是年轻教师快速成长的捷径。记得刚从教时，为了尽快站好讲台，我把自己的教学进度后推一课时，每天都要先旁听同年级老师的课堂，经过学习和内化，第二天再实践于我的课堂。从有经验的老师那里我更加吃透了教材、明确了目标、掌握了方法，同时也看到了课堂教学中的得与失，自己的教学就会扬长避短、有的放矢，至今都特别感谢当年真诚帮助过我的老教师们!

其实，向同伴学习，同样提醒老教师们也要向青年教师学习。年轻人，知识面宽、知识更新快，理念新、方法新，确实值得老教师学习。我曾在教学反思中记录过我的真切感受:

向年轻教师学习

上午到毓秀路小学听了伽晓凯老师的课——“比的应用”。从她的课上，我感觉到了年轻人的快速成长，也学到了很多有用的知识。

晓凯老师的课设计得非常新颖，她将传统的“按比例分配”的教学融入生活，让学生真切地感受到了“比”的实际应用。尤其是其中设计的“按比例制作风铃”环节，给人以耳目一新的感觉。原以为是她从别处“借”来一用的，谁知是晓凯老师受“毕达哥拉斯发现”的启发，又请教了专业的钢琴教师，自己尝试着亲自制作的。我又一次被她的精神感动了。她带着年幼的孩子工作就够不易了，还这么投入地去研究、尝试、发现一些新问题，其中的艰辛可想而知。真佩服晓凯的精神!

尽管她的课堂还存在着这样那样的问题，但她善于思考，勇于尝试，敢于创新的精神值得我认真学习。只有学习，才能不断进步，才能不落伍。年轻人有更多的地方值得我们这些老教师们欣赏和借鉴。

4. 向学生学习

学生是教师一生也读不完的一本本“无字之书”，研究不尽的一本本“活教材”。教师要树立向学生学习的意识，要尊重学生，相信学生，甚至还要崇拜和仰视学生。

在我的教学生涯中，学生给了我太多的启发。很多解题的奇思妙想、对教材和老师的批判质疑都来自学生，这对我们的教学是弥足珍贵的财富。记得一次练习课上，我教一个不带盖的长方体的表面积的计算题。教学时，我随手画了一个草图（图1），却立即引起了学生的质疑，他们告诉我，应该这样画（图2），也就是说，后面的那条棱的上半部分应该画出实线，这样才能更准确地表示出其“不带盖”这一重要的特征。同学们利用美术课上学到的知识提醒了我，也启发了我。课后，我进行了深刻反思，把自己的感受写进了《教师要“博学多识”》一文中。

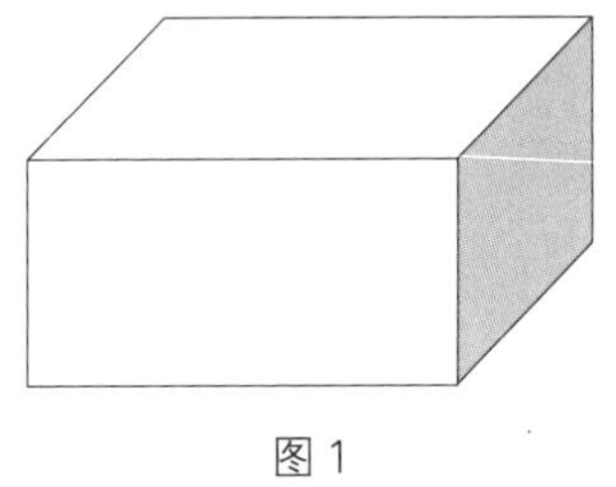
图1

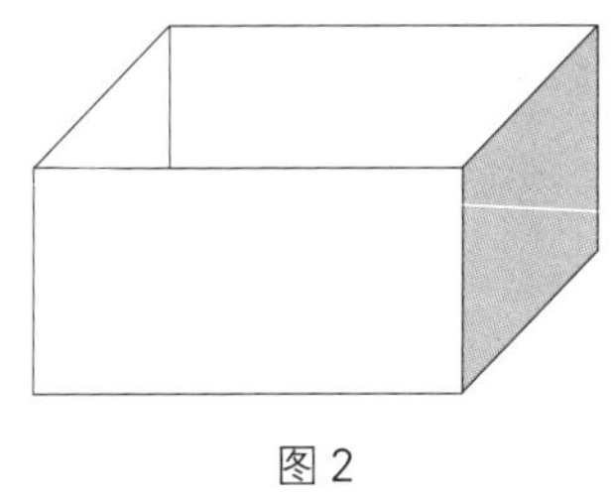
图2

5. 向生活学习

曾鸣教授说：“生活是无字的书，眼光敏锐的人看得见精彩的词句。书是有字的生活，感情丰富的人才能深刻领会。”

作为教师，应该把教育的视野投向生活，在生活中触寻教育的灵感。下面选择两个来自生活的案例与大家分享。

误　判

下午，我到市中心医院去看病，才知道自己得的原来是很简单的小毛病。我已经进行了将近5个月的不断治疗，忍受着疾病不断发作的痛苦折磨，却迟迟不见好转，如今到权威医院检查，竟然发现自己原来是遭到了医生的误判！

本来，问题很简单——皮肤过敏了。我想着到附近的医院很容易就能治愈，谁知，该医院却没有考虑过敏，竟让我做了连续两个疗程的理疗，且不说花钱多少，这既没有治住病，又浪费了我的时间。因为对病情没有做出正确的判断，所以治疗方案根本就“文不对题”，可谓“治标不治本”。当我前去追问时，医生竟含糊其辞地搪塞我：“这种病就是这样，不容易治疗彻底。”就这样这个小毛病困扰了我将近5个月，没有“大痛”却有“小苦”。

今天，市中心医院的医生诊断后，非常有把握地说：“只需要用很简单的药，很短的时间就会好了，没事儿！”

由此，我想到医生一旦误判了病人的病情，自然就会实施错误的“治疗方案”，这样，轻则给病人增加痛苦，重则危及人的宝贵生命。这是一种有形的伤害！

教师如果误判了学生，对每个学生的个性特点，尤其是学困生的状况没有做到了如指掌，成竹在胸，那么他也同样会实施错误的“施教方案”。这对学生的伤害将是无形的！

无形的伤害比有形的伤害更可怕！

挨　训

下午，我们一家三口到东区散心，顺便让老公带我练练开车。

我是个十足的车盲，对机械类东西没有太大的悟性，对学开车也没有多大信心，所以，特别想得到他们的鼓励。

在我的一再要求下，老公拿出了足够的耐心。但看我笨手笨脚的样子，他一会儿就坚持不住了：“你根本不是开车的料，悟性太差了，算了算了，别再逞能了！”

儿子看我的难堪样，自告奋勇地坐在副驾驶座上，他要做我的主教练，保证不吵我。不过，他要求爸爸坐在后面，这样他心里才有底气。

果然，儿子的鼓励让我有了微小的进步：起步，直行，加油门，踩刹车……我开始有点小骄傲了。

在练习拐弯的时候，尽管他俩一再要求我要记住把脚放在离合和刹车上，同时要记住手打方向盘，但我还是出现了手脚乱套的混乱局面：脚虽然踩死了离合，但忘了踩刹车，手也打方向不够，车在惯性中一下子向路边的栏杆逼近。儿子一看大叫，急忙拉起了手刹。还好，没有出现什么意外。

等我回过神来，他们还在恐惧中，这次，没等老公"开批"，儿子就发话了："妈妈，您还是个数学老师呢，怎么就这么没有灵气啊！我爸说得对，您就是太笨了，根本学不会！"

接下来，又是老公的一顿严训……

我刚刚找到的一点儿感觉就这样全都消散了，怎么也没有心情和自信再练下去了，我们的散心活动不欢而散。

事后想想，自己本来就对开车没信心，这个时候，他们既不鼓励，又不帮助，而是一味地训斥，我怎么会有信心和勇气再练下去呢？！

我终于尝到了"学困生"的滋味……

勤实践——做经验型的教师

有专家说过："中国不是缺少科学家，而是缺少像袁隆平一样的理论与实践相结合的科学引路人。同样，目前不是缺少教育理论家，而是缺少理论与实践相结合的教育名家。"我们不喜欢只"上得去"而"下不来"的纯教育理论专家，更欢迎像吴正宪老师、黄爱华老师等既"上得去"又"下得来"的教育名家。他们不仅引领我们一线教师"应该怎么做"，还能走进课堂言传身教，让我们明白"为什么应该这样做"。

教学实践是教育科研的不竭源泉。教学一线是最能体现教师职业价值的主阵地。所以，我们要做一个不离一线的教师。

可是，很多教师在一线多年甚至一辈子，依然成绩平平，难有作为。究其原因，我们反思：教学实践不能盲目，要遵循规律，讲究科学，追求高效。具体要做到以下几个方面：

1. 独立思考——彰显教学个性

做教师的都希望自己能上出好课。年轻教师为此经常照着专家的一招一式进行模仿，但却常常事与愿违。吴正宪老师告诫年轻教师："好课不是靠说出来的，好招不是靠模仿出来的，好教师不是靠教出来的，而是在长期的教学实践中摸爬滚打历练出来的。"教师的实践不能盲目地跟风，更不能简单地人云亦云。要在学习借鉴他人的同时，有自己的独立思考和见解，形成自己的教学个性和风格。

回顾自己的教学实践，如果说总结自己的教学个性的话，我愿意分享的是我多年来养成的习惯——备课定要备板书。

板书设计，既是一节课的框架，也是一节课的精华，更是一节课的微型教案。尽管现代信息技术已经能够辅助教师的教学，但课堂教学的板书设计不论过去、现在还是将来，都永远重要。

每研究一节课应该怎么上时，我总是在心里找出这节课的重点、难点，然后围绕如何突出重点，突破难点设计一个简单的思路，而最初的框架式板书便在我这个简单的思路中诞生了。有了这个框架，我再思考如何去填充内容，使我的思路渐渐丰满，趋向有血有肉的教案。这期间，我会不断地修改我的板书，使其逐渐成为一篇详案的"缩影"。我甚至不拿教案进课堂，心中只装上这一板书，就足以"驰骋"课堂了。每次熟悉教案时，面对眼前的板书设计，教案流程就会走上一遭又一遭。多年来，教案保存甚少，但板书设计我都始终珍藏着。

我在本书的"'厚重课堂'典型案例"的内容中，将通过对"厚重课堂"典型案例的分析，与老师们分享不同课型、不同内容的板书设计及其内在逻辑。

2. 善于合作——博采众家之长

吴正宪老师讲："教师要实现专业成长，必须学会在学习共同体中畅所欲言，彼此分享成员的集体智慧，充实或改变自己习以为常的思维方式和教学模式。在集体备课、评课时共同会诊，在同伴互助中不断纠正自己的偏差，完善自我，提升自己的专业能力，享受成长的幸福与快乐。"

作为教研员，我牢记吴老师的教诲，常常深入学校各年级、各教研组参与单元的跟踪备课、上课和反思，在与一线教师的摸爬滚打中收获幸福，享受快乐。

作 用

最近一段时间，我要全程参与实验小学五年级组"分数的意义和性质"这一单元的备课和教学活动。

昨天上午，我示范教学了"分数的意义"一课，今天下午放学后到学校接儿子，在西环路上遇见了樊沛锋和何红霞，她们俩兴致勃勃地向我讲述了她们的课堂教学。

沛锋以她独特的快言快语风格津津有味地抢说她"分数的意义"一课的教学，重点谈了在我原有设计思路的基础上是如何改进的。我听完感觉很有道理，新的教学设计更加适合学生了。她可真会学以致用啊！十足的聪明人一个！

红霞则委婉含蓄，满脸幸福地讲述她"真分数和假分数"一课的教学，尤其是引导学生对 $\frac{5}{4}$ 的理解过程。听得出来，她是在大滢讲课的基础上进行了改进，而且效果也非常好，也真是教学上的有心人！

不管怎么说，现在五年级组的老师们可真是踏踏实实地投入到了教研中，他们积极、主动，而且也学会了学习、借鉴和思考，对教材有了更深入的理解，对教法有了更深度的研究，上出了自己满意的好课。

与此同时，在他们的感召下，我也从来没有像今天这样对"分数的意义和性质”这一传统的教学内容进行过如此深入的思考。如果说，他们都积极地“动”起来是因为有我在带动，那么，我积极地“动”起来是否要感谢他们呢？

看来，力的作用是相互的！应该继续加大这个“力”度！

乐　趣

晚上，快十点了，我拨通了沛锋老师的手机，和她共同探讨我白天上课前的开场白的意义。

在“平行四边形的面积”一课课前，我先与学生进行了交流，建议学生把自己的大脑比作仓库，仓库中设有各学科的“专区”，“数学区”又设有不同的“货架”。每进一“货”，都要让学生思考，它应该放在哪个“货架”上，从而培养学生学会分类整理知识、沟通知识之间联系的意识和能力。

沛锋明白了我的意图，不过，她的奇思妙想又给了我很大的启发。她觉得学生的大脑可以比作电脑，电脑可以分很多储存区域，每个区域可以建不同的文件夹，每一类知识都可以把它存放在相应的文件夹中保存。这样，岂不是更形象生动，又与时俱进？

我越来越体验到与同伴一起教研的乐趣！

3. 敢于尝试——接受实践检验

课堂是教学的主阵地。教学的过程就是师生生命对话的幸福过程。

吴正宪老师一直都敬畏孩子，敬畏课堂，她常常讲：“童年生活是人生中重要的经历。每个人只有一次童年，一次小学生的生活。我们做教师的要小心呵护，倍加珍惜，让每个孩子的童年都充满幸福和欢乐。”

“我把自己的生命放在与学生同呼吸共命运的生存空间里。我深知，每一堂课上，我都要与可爱的孩子们一起度过这40分钟，也要共同消失在这比金子还宝贵的40分钟里。每想到此，我就特别珍惜，不敢怠慢课堂上的每一分钟，我用心与学生共同享受愉快、和谐、民主、幸福的课堂生活。”

作为一名教师，我们要在课堂教学实践中实现自己的教育理想和人生价值。具体来讲，要做到以下几点：

第一，追求每一节课堂教学的高效率。

记得我刚参加工作时，常常是“课内损失课外补”。尽管下了很大功夫，但收效甚微。在师父的帮助分析和指导下，我找到了症结，悟出了要走“优化课堂教学，向四十分钟要质量”的教改之路。从此，“认真对待每一个四十分钟，把每节课都上成公开课”，是我对赵琦师父的承诺，也是我对事业的承诺。

我开始学着优秀教师公开教学那样认真备好、上好每节课，并随时接受师父不定时的“检阅”。在她的监督和指导下，我克服了惰性，做到了坚持。慢慢地，我的课堂教学有了很大的起色：课上得生动了，学生学得主动了，教学效率也提高了。一节节课高效了，教学自然会高效。我尝到了课堂教学带来的幸福和喜悦。

2002年，我被选调到了市教研室，成了一名教研员。教研工作并非想象中那么单一，而是千头万绪。为了更好地适应教研工作，我暂且离开了心仪的课堂。除了听课、评课，我接触课堂的机会少了很多，感到自己反思的灵感也少了很多。作为教研人员，从事教学研究，开展课题实验，没有真实的实践积累，心中似乎少了足够的底气。尤其是在课程改革的今天，教学理念、教材、教学方式等都发生了很大的变化，诸多有价值的问题都需要作为课题进行实验和研究。不亲身体验课改，怎么能指导课改？怎么能研究课改？于是，我做出了大胆的决定——再回课堂。两所市直小学成了我的“基地”，那里有我的徒弟，我会不定时地走进他们的课堂，走上讲台，实践自己的新想法、新思路；会连续一个单元，和同一年级的老师们一起备课、上课；会接受徒弟们的邀请，把他们认为最难上的课上出来和大家共同交流和研讨。一开始，我觉得身为教研员，再回课堂的压力很大，随着一次次的成功与否，我勇敢地面对了这一现实。实践是检验真理的唯一标准，课堂是教育科研的真正源泉，不管教学成功与失败，都是进行教学研究的宝贵财富。教研员的价值不在办公室里，而是在课堂上。我会坚持做一个“不离课堂”并与师生一起“享受课堂”的教学研究人员！

第二，要敢于把自己的课“暴露”给大家。

很多老师害怕别人听自己的课，也会以各种理由委婉拒绝他人走进自己的课堂，这对自身的专业成长是非常不利的。我们观摩过别人的课堂后，常常产生很多思考，也会向讲课教师提出很多相关的意见和建议，这对教师成长是宝贵的财富。俗话说旁观者清，如果不把自己的课勇敢地“暴露”给同行，自身存在的很多问题就很难被发现，同时，也会失去同伴的帮助，在专业成长之路上会走得缓慢且艰难。

第三，要有磨课的经历。

很多优秀教师的成长道路上都会有一个共同的经历——磨课。我的师父赵琦老师一直要求我要珍惜每一次锻炼的机会，这里的“锻炼”，更多的是指公开教学前的磨课。

从 1993 年起，我就开始讲授学校公开课，参加各级赛课。代表学校（许昌实验小学是全国知名学校，经常有省内外的同行到校参观学习，也经常应邀外出教学）对外公开教学；也随师父一起送教下县、送教下乡；在市级、省级研讨会上作课。我于 1994 年获得市优质课一等奖，于 1995 年获得省优质课一等奖，于 2007 年获得全国录像课、观摩课评比一等奖。我知道，每张证书背后，都有一个艰难的磨课历程。每次磨课的过程，都是挑战自我、超越自我的过程，是那样让人刻骨铭心、难以忘记。

2007 年，我已经做了教研员，对是否代表河南省参加“义务教育课程标准实验教科书（人教版）全国小学数学经验交流会”的作课顾虑重重。赵琦老师、省教研员梁秋莲老师的鼓励和领导同事们的帮助坚定了我的信心。会前的磨课令我印象深刻，我执教“认识负数”时，十次试教，教案十易其稿，课件十次修改。教学容量大了需要压缩，课件素材多了需要忍痛割爱，教学过程中学生活动少了需要设计补充，对教材的尊重和活用把握不到位需要注意，课后习题的层次不太清晰需要调整，教学语言不够严谨需要锤炼……我为其中的艰辛流过泪，我坚持着，为了接受更多的指导，得到更大的提高。我深深地知道，好课不是“模”

来的，而是“磨”出来的。磨课能够集思广益，充盈智慧，锤炼自己。这是我，也是所有青年教师成长、成熟的法宝!

第四，要有科研的意识和行为。

教学实践还体现在教学科研上。做课题、搞研究，老师们会认为是高不可攀的大事。我也曾有过这样的认识，并且觉得课题研究与常规教学是“两条平行线”，意识不到二者之间的相互作用。随着经验的不断积累和反思，我越来越体会到教科研的重要性，它已经成了我教研工作中不可或缺的重要组成部分。

参加工作两年后，在“课内损失课外补”的教训中，我悟出“优化课堂教学，向四十分钟要质量”的道理并努力而行，我想，这可能就是我教学生涯中最早的科研意识吧，只不过当时没有形成系统作法。1998年，因为教学已经颇具实力，我被选拔参加学校申报的省级电教课题的研究工作。在两年多的时间里，我向同行们学会了如何系统地做课题，定方案、搞实践、做分析、做研究、做提升……我对科研有了初步了解和理解。2002年，我从事教研工作，当时正值课改实验的初期，我市的新教材实验与郑州、洛阳、开封、焦作四市首批实施。自然，我们就有机会参与省教研室梁秋莲老师主持的课程教材研究所“十一五”重点课题“义务教育小学数学新教材实施的教学方式与学习方式研究”，并且，我有幸主持了子课题“义务教育课程标准新教材实施的教学方式研究”。该子课题于2008年结题，2009年获得了一等奖。历经了六年一轮新教材的实验，我的科研意识得到了进一步的提高，视野也更开阔。我深切地感受到教学科研与常规教学并非平行，而是相互交融。我也从专家、领导和兄弟地市的同行那里学到了课题研究的好思路、好方法，知道了如何更规范、更科学、更高标准地做课题。正是有了前面的基础和储备，我开始了自己的课题研究生涯。近几年来，先后带领老师们主持了三项省级课题，均取得了优异的成绩。在省教育科学“十二五”规划重点课题“小学数学‘厚重课堂’的探索与实践”的研究中，我正式提出了“厚重课堂”的教学主张，并将研究成果结集，出版了《厚重课堂溢浓香》一书。这些成果得到了专家们的认可，受到了老师们的好评，我也尝到了科研带来的甜头。

如今，教学科研已经融入我的工作中。“问题即课题，工作即科研”逐渐成了我的工作常态。“在工作的状态下研究，在研究的状态下工作。”我慢慢体会到吴正宪师父话中蕴含的意义和价值。我的思考在研究中走向了深刻，我的道路在追寻中逐渐开阔……

4. 勇于超越——追求教学创新

教学是艺术，艺术的生命在于创新。教学不是简单的重复，它是常新的工作。教师在日复一日、年复一年的教学中，不能只是“复制”和“粘贴”，而应该不断地“横向超越他人，纵向超越自我”，要永葆教学的激情，追求教学的创新。

吴正宪老师曾先后为大家呈现过三个经典版本的“平均数”。张齐华老师也曾给学科教师提供过五个版本的“圆的认识”。不同的版本，代表他们不同时期的思考，都是从他们内心深处流淌出的杰作，都凝聚着他们的创新和超越。

名师名家们尚且如此，我们更应该有这样的意识和行为。在同一时期的不同班级里，我曾尝试用两种设计思路执教“平行四边形的面积”，用四种思路教学“认识负数”。我也曾回顾、整理 1995 年的省级获奖课“分数的基本性质”，于 2016 年进行了深入的再思考和创新设计，跨越 20 年再度搬入课堂（详见本书第三部分《在不变中求变，在变中求厚重——“分数的基本性质”两次对比教学与思考》一文），从中真切感受到了超越自我的幸福和快乐。

善积累——做反思型的教师

反思是人应该具有的一种思维方式和思维习惯。教学反思与行动研究是画等号的，它是一个循环往复、不断螺旋上升的动态过程。反思应该伴随着教师的整个职业生涯。叶澜教授说：“一个教师写一辈子教案不可能成为名师，但一个教师写三年教学反思就有可能成为名师。”

反思要建立在厚积的基础上。教师在学习、实践的同时，还要注重积累鲜活的一手资料，要做一个深储备的教师。因为，厚积才能薄发。

积累的方式有很多。随着信息技术的发展，现在老师们都选择把积累的资料存放在电脑里。而我除了存储在电脑里的资料，还有很多记在本子上的学习思考。

在积累的基础上进行教学反思，是我坚持多年的习惯，也是我成长的又一法宝。一开始，我是在师父的严格要求（每月都要接受她的检查和批阅）下来反思，慢慢地，时间长了，就养成了一种习惯。在被逼反思到自觉反思的过程中，我越来越感受到了反思的重要性，也尝到了反思的甜头。

我的反思大致可以这样来分类：学习反思，实践反思，生活反思。下面将从这几个方面，分别撷取几例与大家分享。

又见师父

——听吴正宪老师讲学有感

炎热盛夏，高温酷暑，魏都许昌，我又一次见到了师父——吴正宪老师。

吴老师执教的是二年级下册的“解决问题”，面对的是刚刚上完一年级的学生，前来聆听学习的是农村一线教师，用的教具是一块黑板加粉笔。这一次，我又见到了一个真实、朴实课堂中的吴老师！

感慨之一——教学智慧

吴老师的课被安排在下午一点半开始。午饭时，会议主办方临时通知她：这次活动与以往不同，因为要面对最基层的农村教师，所以教学不用多媒体，请吴老师给予谅解。稍有惊讶的吴老师爽快地答应了。我在一旁替她急了：“怎么办呢？你准备的都是课件，这时候通知不让用，怎么上课？”吴老师镇定地说：“调整教学嘛！把情境描述给学生也行啊。”我疑惑地看着她：“要不，我给他们说说……”“不用！不用！就按会议的要求做。一会儿课堂上你就看我的吧。”接着就是她一阵爽朗的笑声。我不禁想，如果是我们这些普通教师，遇上这种临时突变，唯一的“症状”也就是不知所措了，而吴老师竟然镇定如常，成竹在胸，或许，这就是“大家”的不同之处吧。

感慨之二——个人魅力

培训活动主要针对农村教师。与吴老师配合上课的是刚刚成立一年的东城区实验学校的一年级学生，他们大都来自城郊家庭，只接受过一年的学校教育。再加上活动是在暑假期间，学生都处于放假状态，都是临时被老师电话通知才赶到会场的。课前，吴老师没有先接触学生，一切都是从零开始。课堂上，学生从一开始胆怯的一问三不答，到放松的胡乱答，再到最后的会答，而且是发自肺腑的答不够。我再次见证了吴老师散发出的惊人力量！

感慨之三——真情付出

面对刚结束一年级课程学习的学生讲二年级的课，吴老师的教学在艰难中前行。不抛弃、不放弃每一个学生是她这节课带给我的最大感动。像这样上大课的场合，好多教师都在努力地“绕学困生而行”，力避课堂错误的出现。吴老师却一而再、再而三地关注学习困难的学生，不仅一定要让他们弄明白，而且鼓励他们更积极、更主动地学习。她把课堂中的问题学生当作主角，把出现的错误拿来供大家辩论学习。从课堂的不顺畅到顺畅，短短的几十分钟，吴老师用她的真心在真情地付出！

感慨之四——教艺精湛

在教“用两步计算解决问题”时，吴老师举出例题：“猴弟弟采了4个桃子，猴哥哥比他多采了3个。一共采了多少个桃子？”她没有生硬地引导学生“题目中有哪些条件？提出了什么问题？……”而是机智地在条件和问题之间出示一个“智慧小人儿”，然后声情并茂地问学生：“如果智慧小人儿向前看，他会想到什么？如果向后看呢？”这样，将解决问题的枯燥过程情境化、拟人化，通过“智慧小人儿”的话把解决问题常用的综合法与分析法生动地渗透于教学之中。每次听她的课，总会带给我这样耳目一新的感觉，我想，这正是吴老师长期积淀的精湛教艺吧。

感慨之五——大家大气

在吴老师的报告中，我印象最深的就是她对“圆周率”教学的见解。一提起圆周率，老师们自然就会想到祖冲之，进而会想到对学生进行一番爱国主义教育——为作为中国人的骄傲、自豪。我也这样做过，但吴老师没有局限于“中国人骄傲、自豪”这一层面，而是站在更高的高度，让学生知道，祖冲之只是为圆周率做出贡献的古今中外众多科学家中的一员，我们在学习圆周率时，不仅应该记住他们，更应该学习他们严谨的科学态度和求实的科学精神……只有大家，才有如此大气啊！

又见师父，又多收获……

感慨、感动，心动、行动……

“新问题”要有“新突破”
——观两位教师对“周长意义”的不同教学处理后的反思

人教版教材对“周长”的定义是这样描述的：“封闭图形一周的长度，是它的周长。”作为数学概念，这样定义是科学严谨的，但在实际教学中，学生对“封闭图形”的叙述和理解都有一定的困难。我们在教研中将其作为一个教学难点来对待。老师们认为本来很好理解的概念这样一叙述反而干扰了学生的理解，把简单的问题复杂化了，甚至对“有没有必要对这一概念进行教学”产生了争议。我曾和一线老师一起对此进行过尝试，总觉得不尽如人意，后来从杂志上看到上海潘小明老师对此的处理，顿觉豁然开朗。以下是我们的老师和潘小明老师对同一教学难点的不同处理：

教学处理一（许昌　宋老师）

老师先创设一个动物比赛的多媒体演示情境：蜘蛛、蝉、七星瓢虫分别沿着树叶、五边形花坛、不规则的多边形苗圃边沿爬一圈。学生在加油助威声中初步感知动物爬过的路线是图形的一周。然后出示不同形状的图形：

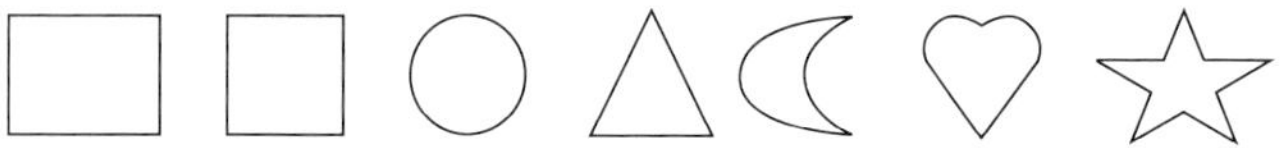

让学生分别指出这些图形的一周，并告诉大家：这些图形一周的长度就是它们的周长。（板书课题：周长）

师（指板书）：你认为，什么是周长？

生 1：一周的长度是周长。

生 2：图形一周的长度，就是它的周长。

师：书上是怎么说的呢？请同学们快速打开课本找一找，并大声读出来。

生齐读：封闭图形一周的长度，是它的周长。

（师将其板书到黑板上）

师（指板书）：这里的“封闭图形”是什么意思？什么样的图形是封闭图形？

生 1：封着口的图形是封闭图形。

生 2：没有缺口的图形是封闭图形。像⊔就不是封闭图形（学生边说边用手势比画）。

生 3：从一个起点开始绕一圈最后又回到起点的图形，是封闭图形。

师：同学们的理解都非常好！那么就请你们来判断一下下面的图形哪些是封闭图形，哪些不是。（课件展示）

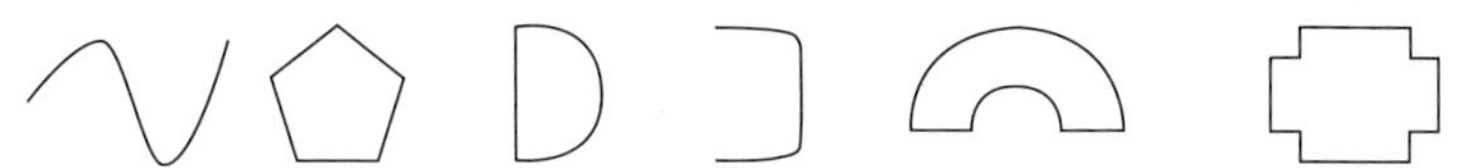

学生逐一判断，教师总结并强调周长指的是封闭图形一周的长度。

教学处理二（上海　潘老师）

老师设计课件，创设一个三个小朋友分别绕三个花坛（三角形、四边形、五边形）走一圈的情境，让学生猜一猜：如果他们同时以同样的速度绕各自的花坛走一圈，谁先回到起点？吸引学生对这一问题进行学习研究，让学生明白解决问题的关键是要比图形的周长。接着就让学生说一说周长是什么意思。学生结合三角形、四边形、五边形分别说出什么是它的周长。在学生理解的基础上，教师出示三种图形每边的长度，让学生计算出每个图形的周长（计算过程中渗透算法的灵活性），将周长的理解与计算有机结合。

师：三角形的周长我们知道了，四边形的周长我们知道了，五边形的周长我们也知道了。我们所学的图形就只有三角形、四边形、五边形吗？

生：还有六边形、七边形、八边形……

师：六边形的周长指的是什么？七边形、八边形呢？

生答略。

师：线段除了能围成三边形、四边形等图形，还能围成其他图形吗？请画一画，并指出它的周长。

学生画出等图形。

老师重点引导学生对半圆有没有周长及其测量方法进行了争论和研究。

师：这个图形有周长吗？

生1：半圆形是没有周长的，因为我们都是量直线的。

生2：你别看这个半圆形是一笔画成的，可它也是一个图形呀！

生3：因为每个图形都有边，所以半圆应该有周长。

师：那它的周长怎么算呢？

生答略。

生4：老师，我有一个问题，圆形有没有周长？

师：小朋友，你们说圆形有没有周长？

生（异口同声）：有！

师：刚才有的同学说，是图形都有周长，对吗？

生：对！

师：不管是三角形、四边形、五边形，还是黑板上的四角星、半圆形等，是图形就有周长，对吗？

学生语气坚定地回答：对！

师：这话是你们说的？

学生又一次响亮地回答：是！

师：咱们对自己所说的话是要负责任的，敢于负责任的把手举起来。

同学们勇敢地高举着手，教师转身在黑板上画了一个角（∠）。

师：这个图形有周长吗？

有的说“有”，有的说“没有”。教师让一位说“有”的小朋友去指出角的周长。该生指着角的两条边说：“把这两条边的长度加起来就是它的周长。”他的回答引起其他同学的反对。

师：周长的“周”是什么意思？我们小朋友经常会在操场上跑一周或者说跑一圈，是什么意思？

生：一周是要连起来的。

师（指角）：这个图形有没有连起来？什么样的图形才有周长？

生：一个要连起来的图形，也就是封闭图形，才有周长。

师：对！一个封闭图形周围长度的总和，是它的周长。

对比与反思

欣赏了潘小明老师的精彩教学，我们眼前一亮。且不说潘老师本节课中的其他精彩之处，单就对教材中出现的这一新问题、新教学难点——“封闭图形”的处理，就令我们拍案叫绝。与他相比，我们的处理方法依然还是停留在传授的层面，是在用传统的概念教学法（逐字逐句地带领学生分析、理解概念的意义）应对今天遇到的新问题，这显然与新课程的新理念及要求有一定的距离，所以，我们的课堂教学就显得苍白无力。而同一问题，潘老师能够在突出教学重点的同时巧妙地制造“认知冲突”（是图形就有周长，那么图形角有周长吗？），在学生学习产生“矛盾”的关键时刻能够引导学生自己解决问题，使难点不攻而破，是知识的传授那么自然，令人回味无穷。我想，这就是名家的高明之处吧。

巧妙地处理

——我对一道练习题的教学处理与反思

人教版义务教育课程标准实验教科书数学一年级下册第13页练习二第3题。(如下)

教学流程

师：小朋友，这些漂亮的小房子就是小鸟们的家，瞧，玩了一天的小鸟叽叽喳喳地叫着要回家了。你能把小鸟很快地送回家吗?

生（异口同声）：能!

师：那就赶紧行动吧!（生连线做题）

师：小朋友们把小鸟都送回家了吗?

生：没有。

师：为什么？有什么困难吗?

生：有一只小鸟没有家。

师：哪一只?

生：叼着卡片题目是“15−9”的这只。

师（故作惊奇）：真的吗？其他小朋友的书中也有这情况吗?

生：有！

师生共同检查题目的连线情况。

师：哦，原来这里没有这只小鸟的家，（故意说）那咱们就不用管它了吧。

生（齐声）：不行！这样不公平！

生 1：老师，天黑了，这只小鸟找不到家，很可怜。

生 2：老师，小鸟会冷的，它多孤单呀！

…………

师：小朋友们都是有爱心的好孩子，老师为你们骄傲。你们说，我们应该采取什么行动来帮助它呢？

生 1：到别的地方帮它找家。

生 2：把小鸟请到我家来。

生 3：老师，我有一个建议，就在这里给这只小鸟建一个新家，让它和大家在一起。

…………

师：你们想得太好了！行，我们马上行动，在这里给小鸟建一个更新的、更漂亮的家，好吗？

生（异口同声）：好！

学生拿起笔在书上空白处涂画着自己心目中漂亮的“家”，老师巡视并及时表扬在“家”上标数字“6”的小朋友，以此提醒其他学生。

师：小朋友们亲自动手，给小鸟建了这么漂亮的家！你们把小鸟请回家了吗？

学生连线。

师：你们还想请更多的小鸟也住进这个家和这只小鸟做伴吗？

生：想！

师：那你的“住房要求”是什么呢？

生：小鸟衔的卡片上要有算式，算式的得数必须是 6，符合这两个条件就可以。

师：那你们就在书上空白处把小鸟们请出来吧！比一比，看谁请的多！记住，必须达到你的“住房要求”哦！

学生认真地画小鸟，认真地写算式：3+3、8-2、10-4、4+2、11-5……

下课了，孩子们还乐在其中。

实践反思

此题本是一道非常平淡的题目，教材如此编排是为学生提供多余条件，使题目具有开放性，培养学生认真审题的习惯，使其思维具有全面性和灵活性。在处理本题过程中，我打破了传统的“连一连”“说一说”的方式，使一道平淡的题目焕发出了无穷的魅力。

1. 尊重教材并活用教材

新教材的新编排为学生的学习提供了广阔空间，也为教师的教学提供了极有利的资源。尊重教材、依据教材是广大教师的共同想法和做法。但同时我们还要思考：如何在有限的资源中，结合教学实际，灵活地、创造性地使用新教材？我想，这是教材编写者们为我们提出的要求，也是广大教师在实践中应努力的方向。本题在教学设计和处理过程中，较好地体现了这一点。

2. 寓思想教育于数学学习之中

低年级的孩子，年龄小，对其进行思想教育相对来说较为容易。但作为数学学科，纯粹的思想教育是有限的。我们应该结合学科的知识特点，恰当地将思想教育寓于数学学习之中，达到潜移默化、润物无声的效果。在处理本题时，将对孩子们的环保教育、团结友爱教育、助人为乐教育等有机渗透其中，恰切而又自然。

3. 开放了学生的思维

开放教育对低年级学生的教育要求并不高，也并不神秘。此题在设计和处理过程中，为学生创设了开放的思考情境，如“我们应该采取什么行动帮助无家可归的小鸟？”“你们还想请更多的小鸟也住进这个家和这只小鸟做伴吗”等问题，激发了学生思考的兴趣，拓展了学生的创新思维，使学生想到了很多解决问题的办法，写出了很多得数是6的算式。看得出来，学生的思维已经摆脱了“十几减九”的知识局限，达到了练习提高的目的。

4. 加强了学科间的整合，培养了学生的综合能力

画一间漂亮的小房子，画几只可爱的小鸟，这是孩子们在幼儿园里都会的，也是他们感兴趣的事情。但在数学课上，而且是在数学书上来做这些，对他们来说几乎是“异想天开”。数学课上孩子们不敢想的事情我们做到了，数学书成了孩子的“画本”，数学课成了“美术课”。学生在数学学习中创造着美、欣赏着美，学得生动快乐，学得丰富多彩。

旅游·教学

暑假期间，为了摆脱被动、紧张、不自由、走马观花、配合购物等“跟团游”的状况，我们决定自驾到山东几个城市来一趟“自主游”。

一路下来，我们的确体验到了“自主游”的甜头：白天，在日照的海边尽情地玩个够，不用担心被导游催促；晚上，入住海边渔家，尽情品尝各种新鲜海味，不必担心吃不饱或吃不好；饭后，我们跟着渔民，划着小船一起去收网，和他们一起享受收获的幸福和快乐。孩子们还到附近的小岛上捉螃蟹和蛐蛐，欢声笑语到深夜。我们可以自由地品尝青岛的小吃，喝正宗的青岛啤酒和崂山啤酒；尽情欣赏极地海底世界的各种海洋动物和精彩的海豚表演；随时可以在路途中停车驻足，来一番有趣的垂钓和野炊……

同时，我们也尝到了“自主游”带给我们的苦头：因为恋上青岛极地海洋馆，等玩够出来，天已经黑了。按照计划，晚上我们要赶到泰安，第二天一早爬泰山。当时还没有导航帮助，我们不停地停车打听通往泰安方向的高速入口。就这样，我们在青岛市内盘旋了好一阵子才找到正确的出路，到泰安已经是夜里一点多了，找吃、找住又折磨我们到两三点，困和累可想而知。第二天爬泰山，我们自然出发不早，在山脚下受几个“黄牛”的忽悠，我们被带到了另一个入口处进山。爬了半天，才从其他游客处得知我们走了冤枉路，其实车子是可以

直接开上来一段路程的。就这样，因为时间和行程没有得到最佳安排，本可以把更多的精力和时间用在欣赏最精彩风景的我们，最终没有爬到泰山之巅便匆匆返程下山。可想而知，我们的泰山之行不够完美，留下了遗憾……

一趟游下来，我们不禁反思和感慨：还是有个导游好！因为导游曾经亲历过，有他在，我们的行程安排会更加科学、合理，我们也会省却或避免很多不必要的旅途之苦，少走很多弯路，少费很多心力，会节约更多的时间和精力欣赏到更多、更有价值的风景……

可是，现实生活中的导游却总是不那么尽如游客之意……

于是，我们便不自觉地开始在心目中勾画最理想的“跟团游”：导游总能站在游客的角度，设计一套以游客为本的旅游方案。旅行途中，他始终挥动着小旗，导引着方向，时而走在游客前，时而走在游客中，时而激情地讲解“这座城市的历史悠久……”“这个景点有一个美丽的传说……”，时而解答游客的疑问“哪个景点最好玩儿？”“这里的特色小吃是什么？”他既是引领者，又是伙伴，即使亲历过，仍和游客一起对风景保持初识的心态和激情，带动大家游玩的热情。在最美风景处，他一定尊重游客的玩兴，让大家多体验；他会悉心洞察每一位游客的情况，因人而异地做出合理的安排和建议；他不会安排游客最反感的“配合购物”和“被迫购物”；他会让游客不走弯路，不耗时间，不费财力，使旅游的效果达到最优化……

自然地，我又想到了教学。它不也正是师生在知识的美景中的一次次“旅游”吗？其间，学生就是游客，教师则是导游。认真想来，仔细对照，就会发现教师与导游的作用竟有惊人的相似之处！很难想象，没有教师“主导”的课堂会是什么样的课堂？没有教师引导的学习会是什么效率的学习？它一定如我们的“自主游”——学生虽加深了体验，获取了自主，但增加了盲目，多走了弯路，降低了效率。因此，有效的教学一定不能少了教师的主导！而有了教师导学的教学就一定是理想的教学吗？想想我们的教学现状，答案不言自明。理想的教学也正如我们所理想的“跟团游”—— 学生渴望教师的主导，但一定不是主宰。这里的导要求教师要科学地导：因学而导，循学而导，适时而导，适可而导，要导出情、导出艺……

原来，教学与旅游也是如此相通！所以，我们要把每次教学都当成一次愉快的旅行，这样，大家就能欣赏到好风景，收获好心情！

会提升——做专家型的教师

在教师专业成长的培训中，我常常拿普通教师和专家型教师做对比，普通教师是“做过了—放下了—过去了—忘记了”，专家型教师则是“做过了—记下了—反思了—提升了”。

显然，二者的共同点都在于“做过了”，有的普通教师可能在这方面有的做法会更好，案例会更鲜活，但与专家型教师的差别恰恰在于少了积累、反思、提升。

著名特级教师于永正老师在他的《教海漫记》一书中写道：“我的确是一个普通的小学教师。中国这么大，教师这么多，实践经验该有多丰富啊！在教学第一线里，不知有多少个马卡连柯、苏霍姆林斯基……我不同于别人的，恐怕就是喜欢思，喜欢记，喜欢写。”

教育名家李镇西老师在他的文章《我是怎样成为所谓“教育名人”的?》中说：“我经常对我的崇拜者说：‘其实我和你们差不多。论实践，老师们不比我差；论思考，老师们不比我弱；论阅读，老师们不比我少。我可能仅仅比你们多写了许多文章，多出版了许多著作。如此而已。’”

教育家吴非教授在《每个教师都可以成为讲述者》一文中指出：

> 每每和中小学同行在一起，听他们述说工作中的种种经历，我总是很惊喜：这么聪明！这么有趣！你是怎么想到要这样做的？这么好的故事，写出来吧！
>
> 我想对老师们说：写作并不难，只要你不给自己找懈怠的理由。静下心来，

把自己印象深的一件事、一节课写出来，读给你的同行听，读给你的学生听，如果他们的眼睛亮了，那就是你的灯亮了。

有了充分的积累和反思，提升就成了有本之木和有源之水。多年来，我努力向专家学习，将一次次的反思写进“小文章”，将一篇篇“小文章”汇成“大文章”，真实且鲜活。先后有多篇文章在省级以上评比中获奖，有近百篇文章在专业学术期刊上发表。其中《当命题遭遇考试》《厚研教材之我见》《读懂学生之我见》《构建小学数学“厚重文化课堂”的思考与尝试》《做更专业的教师》五篇文章被人大报刊资料复印中心《小学数学教与学》全文转载。我也成了《小学教学》《小学教学研究》等知名杂志的约稿作者。

我知道，是反思促我勤于总结，在总结的基础上才能更好地提升。正如培根所说：“良好的习惯就像是人存放在自身的道德资本，而人在一生中都会享受着它的利息。”我就是这样在尽情地享用着它带来的源源不断的“利息”。

厚研教材

吴正宪老师曾多次在报告和文章中强调指出：教师专业成长必须要做到三读懂：专业地读懂教材，用心地读懂学生，智慧地读懂课堂。“读懂教材”被排在了首位。

浙江省教研室斯苗儿老师在《教师教学起步的家当》一文中呼吁教师教学起步要配齐如下家当：一套教材（包括教师用书），一支录音笔。教材，成为教师从教的当家家当。

马立平博士在《小学数学的掌握和教学》一书中对比中美数学教育，提出如下观点：

> 尽管中国的小学数学教师所接受的数学教育远远少于美国同行，但却表现出了对于数学的“深刻理解”，后者在美国教师那里则是极为缺乏的，这可被看成造成美国学生数学水平低下的一个重要原因。
>
> 中国教师具有发展良好的“知识包”，这在美国教师中并没有发现。
>
> 中国教师的知识是很好地发展起来的、整体性的，美国教师的知识则是零碎的、互不相关的。
>
> 美国的大部分职前教师培训更多地关注如何教数学，而不是数学本身。
>
> 如果教师对要教什么都没有清晰的认识，他又如何深思熟虑地确定教学方法？

尽管教师的学科知识并不能自动产生出成功的教学方式和新的教学理念，而缺乏坚固的学科知识的支持，成功的教学方式和新的教学理念是不可能实现的。

可见，对数学的深刻理解是我们中国基础教育的优势所在，我们需要继承和加强。

南京大学郑毓信教授在《数学教师专业成长的当务之急》一文中针对课改现状发现并提出问题：

课改以来，在突出强调教学方法改革的同时，我们已在一定程度上丢掉了自己的优秀传统，特别是对于“教学（数学）内容的深刻理解”。

目前教师专业成长的现状是：不少青年教师热衷于“一课成名”。他们热衷于学习模仿新的教学方式和教学形式，不断参加一些教学大赛或教学观摩活动，迅速成名。对于更多的一线教师来说，则是习惯于套用一些名师的课堂设计，教师本人缺乏独立理解教材和处理教材的能力。教师的成长似乎已经演变成了教学方法，甚至是教学形式的简单模仿，传统上对于教材的深入钻研以及对于学生的很好把握这些方面则被大大地削弱了。

可见，“钻研教材”正是教师增强深刻理解教学内容能力的最为重要的一条途径，也是教师专业成长的当务之急。

教师应该树立怎样的教材学习观和使用观？这是教学中一个永恒的话题。

《义务教育数学课程标准（2011 版）》“教学建议”中指出：“教学方案是教师对教学过程的‘预设’，教学方案的形成依赖于教师对教材的理解、钻研和再创造。理解和钻研教材，应以本标准为依据，把握好教材的编写意图和教学内容的教育价值；对教材的再创造，集中表现在：能根据所教班级学生的实际情况，选择贴切的教学素材和教学流程，准确地体现基本理念和课程内容规定的要求。”

马立平博士在《小学数学的掌握和教学》中也肯定了我们的好做法：“中国

教师花费大量的时间和精力钻研课本。他们要研究课本是如何解释和说明教学大纲的思想的，作者为什么以这样的形式编排，各部分内容间的联系是什么，该课本的内容与前后知识点之间有什么联系，与旧版本相比有什么新亮点，以及为何要做这样的改变等。更为详细地讲，他们要研究课本的每个单元是如何组织的，作者是怎样呈现内容的，以及为何如此呈现。他们要研究每个单元有哪些例题，为什么作者会挑选这些例题，以及为什么例题以这样的次序呈现。他们要审核单元每一节的练习，每一部分练习的目的等。他们确实对教材做了非常仔细和批判性的研究。”

作为教师，尤其是青年教师，知道教什么远比研究怎么教更重要。在对“厚重课堂”的研究中，我们要求教师要树立正确的教材观，对教材要做到依而不赖，信而不迷，既尊重教材又要创造性地使用教材；还要求老师们要精通整个小学阶段的教材，树立整体的教材观，做到“读通教材—读懂教材—读透教材—读厚教材”，即“厚研教材”。

正是基于上述的学习和思考，我们就“厚研教材”这一话题进行了深入的探索和尝试，积累了一些经验和做法。接下来，结合具体的实例从一类知识、一个单元、一节课、一道题等方面和老师们进行交流。

一类知识——整体把握

数学知识之间是有着紧密联系的，根据其内在联系可以把数学教材内容分为不同的“类别”。每一类知识间的联系和发展又构成了一个个系统的知识体系。教材的编排，往往是依据学生的年龄特点和认知规律等，将知识体系进行适当分割、重组，以螺旋式编排，为师生的教与学提供科学的依据和导引，自然，教师们对这些依据和导引充满了依赖和盲从。在创造性地使用教材时，我认为，教师们还是要减少这样的依赖和盲从，要学会在瞻前顾后、左顾右盼中研读教材并融入自己的思考，对一类知识从整体上进行把握，在此基础上做出合理的调整。

比如,“比例尺”这一内容，我认为就可以将它从人教版《数学（六年级下册）》“比例”单元跨册调整到六年级上册“比”的单元进行教学。具体思考和实施如下：

一、研读教材

(一)“比例尺”是什么?

在以往的教学中，我从来没有细细地琢磨过这个问题，只认为把图上距离和实际距离的比叫作“比例尺”，这是数学的规定。我也只向学生强调：它是一个比，而不是一个比例，更不是平时我们使用的尺子。今天，再来细细品读这个数学概念，我融入了更多的个人思考：

比例尺是一个比——表示图距和实距的比。

比例尺是一个例——表示二者之比的一个图例。

比例尺是一把尺——是一幅图应该遵守的统一的标尺。

这样来理解比例尺，我觉得对它的认识就多了更多的层面，对教学就有了更大启发。

(二)“比例尺”的教学位置放在哪里更合适?

比例尺是一个比，而非比例，但一直以来，它都被放在教材的“比例”单元中。我也试图从人教版课标实验教科书六年级下册《教师教学用书》第 71 页中找到这样编排的缘由：“比例尺表示图上距离与实际距离的比，因此它可以作为比的应用。但实际上，图上距离和实际距离是成比例的，根据比例尺求图上距离或实际距离都可以列比例式来解，所以它也可以看作是比例的应用。”我认为，仅从可以“用列比例式的方法来求图距和实距”这个层面上来确定比例尺的教学位置，是不够恰当的。要解决“已知比例尺和图距（实距）求实距（图距）”的问题，方法有很多，用列比例式的方法来解只是其中的一种，且并非最优方法。而要让学生认识和理解“比例尺”，就应该从它的意义入手，更加突出其“比”的意义和应用价值。因此，我认为，“比例尺”(包括“图形的缩放”)的课程教学作为“比的应用”教学的典型，应该提前在“比”单元的教学中进行。这样调整有以下目的和作用：

1. 学生在认识比例之前先认识比例尺，首先从字面上避免了比例的干扰，对理解比例尺的意义有一定的作用。

2. 更加突出了比的意义；在求一幅图的比例尺的过程中，让学生进一步熟练掌握根据比的意义化简比；在用数学方法解决“已知比例尺和图距（实距）求实距（图距）”的过程中更加凸显了比的应用价值。

3. 在学生后续学习“比例”课程时，再把它和如“张大妈家上个月用了 8 吨水，水费是 12.8 元。李奶奶家用了 10 吨水，她家的水费是多少钱？”“捆扎一批书，如果每包 20 本，要捆 18 包。如果每包 30 本，要捆多少包？”这些所谓的老问题一起拿来，利用“比例的方法”赋予它们新的解法。这样也许更合理。

（三）教材是如何编排的？

3. 比例的应用

比例尺

在绘制地图和其他平面图的时候，需要把实际距离按一定的比缩小（或扩大），再画在图纸上。这时，就要确定图上距离和相对应的实际距离的比。

一幅图的图上距离和实际距离的比，叫做这幅图的比例尺。

图上距离：实际距离=比例尺

或 $\frac{图上距离}{实际距离}$=比例尺

比例尺 1:100000000

比例尺 0 50 100 km

1:100000000 是数值比例尺，有时写成 $\frac{1}{100000000}$

这是线段比例尺，表示图上 1cm 的距离相当于地面上 50km 的实际距离。

47

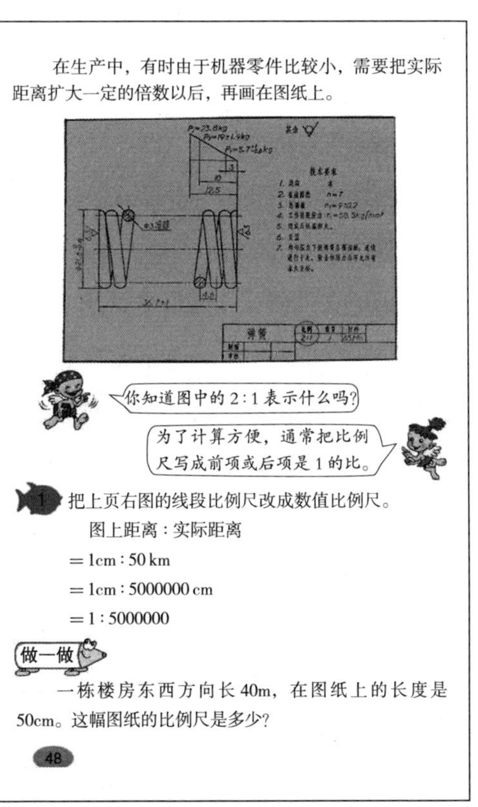

在生产中，有时由于机器零件比较小，需要把实际距离扩大一定的倍数以后，再画在图纸上。

1 把上页右图的线段比例尺改成数值比例尺。

图上距离∶实际距离

= 1cm∶50 km

= 1cm∶5000000 cm

= 1∶5000000

做一做

一栋楼房东西方向长 40m，在图纸上的长度是 50cm。这幅图纸的比例尺是多少？

48

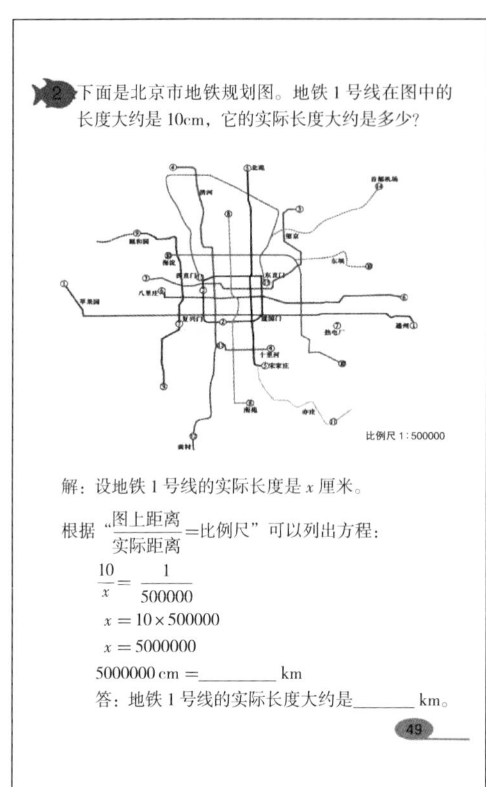

2 下面是北京市地铁规划图。地铁 1 号线在图中的长度大约是 10cm，它的实际长度大约是多少？

比例尺 1∶500000

解：设地铁 1 号线的实际长度是 x 厘米。

根据“$\frac{图上距离}{实际距离}$=比例尺”可以列出方程：

$\frac{10}{x}=\frac{1}{500000}$

$x=10\times500000$

$x=5000000$

5000000 cm =________ km

答：地铁 1 号线的实际长度大约是_______ km。

49

3 学校要建一个 80m、宽 60m 的长方形操场，画出操场的平面图。

80m = 8000cm

(   )∶8000 = 1∶1000

60m = 6000cm

(   )∶6000 = 1∶1000

50

以人教版课标实验教材为例，“比例尺”这部分知识是这样编排的：

教材首先说明为什么要确定图距与实距的比，明确了它的意义，并给出比例尺的概念。然后结合两幅地图的比例尺介绍两种比例尺。又通过一个机器零件的放大图纸，让学生认识到比例尺并非都是前项是 1 的比，当把实际距离放大时，比例尺的后项是 1。接着，教材共安排了三个例题：例 1 教学把线段比例尺改成数值比例尺；例 2 采用列方程的方法，借助“解比例”解决“已知比例尺和图距求实距”的问题；例 3 是综合运用比例尺的有关知识解决实际问题（根据实际距离，先确定比例尺，再求出图上距离）。紧接着就是相应的习题。

（四）学生已有的相关知识基础是什么？

如果把比例尺教学位置提前的话，那么学生在学习它之前就已经具备的相关知识有：

1. 有关比的知识——比的意义和性质、化简比、比的应用等，这些都是学习比例尺的必备基础。

2. 有关比例尺的知识——早在“位置与方向”的学习中，线段比例尺就已经“闪亮登场”了，只不过大家不知道它叫这幅图的比例尺而已。

3. 有关计算的基础——学生在“位置与方向”的学习中，已经会根据图中线段比例尺的意义，利用算术方法解决“已知图距（实距）求相应的实距（图距）”的问题。

（五）学生学习这部分知识的真实思维可能是什么?

正是了解了学生之前所具备的上述基础，所以我认为，比例尺的学习对学生来说并不困难。在两种比例尺的学习中，学生可能会更容易接受“线段比例尺”。在求图距或实距的学习中，学生可能更愿意借助算术方法进行计算；在综合运用比例尺的有关知识解决实际问题时，学生可能更钟情于使用“线段比例尺”。

（六）教学应该为学生今后的学习打下什么样的基础?

学生后续学习中的“绘制简单的平面图”以及“图形的缩放”等都要用到比例尺，比例尺在生产生活中的广泛应用更是非同一般，所以，必须让学生具备扎实的相关基础知识和技能。教师应该充分尊重学生的学情，引导学生在已有的基础上，用自己喜欢的方式，学习到适合自己的、有用的、有价值的数学。我想，这是对学生最大的负责。

二、创新实施

（一）选准教学的起点

正是有了上述的学习和思考，我将“比例尺”的教学提前到“比”单元的教学中进行。教学时，我选择了“位置与方向”的问题作为教学起点，引导学生在旧知的复习中自然引出新知且步步深入学习新知，充分尊重并有效利用了学生已有的知识基础。请看这一课的教学片段：

师：先请同学们来观察一幅平面图。（课件出示下图）你能说出小明家在学校的什么方向吗?（生答略）

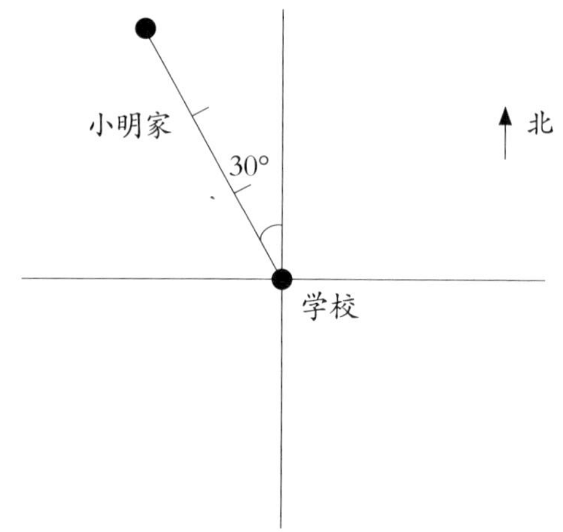

师：小明家到学校的图上距离是 3 厘米，你知道小明家到学校的实际距离有多远吗?

（学生摇头）

师：为什么?

生：因为不知道图中 1 厘米的长度代表实际多远的距离。

师：为什么要知道这些呢?

生：因为实际的距离往往很大，必须得按照一定的标准把它缩小才能画在图纸上。

师：同学们很会观察和分析问题！实际上，在绘制这幅平面图之前，所做的第一项工作就是要确定同学们所说的这个“标准”。（课件补充出示：0　200米）现在，你知道小明家到学校的实际距离有多远了吗？你又是怎么知道的?

生：有 600 米远。因为知道图上 1 厘米代表实际距离 200 米，图上小明家到学校共有 3 厘米长，所以他家到学校的实际距离就是 $200 \times 3 = 600$（米）。

师（进一步设疑）：如果知道小红家就在学校的正西方向 400 米处，你能在图中找到小红家的位置吗？你是怎么找到的?（课件出示问题）

生：因为知道图上 1 厘米代表实际距离 200 米，$400 \div 200 = 2$(厘米)，所以从学校向正西方向 2 厘米处就是小红家。

教师根据学生回答，标出小红家位置。

师：实际上，刚才的问题是我们以前学习“位置与方向”这部分知识时常遇到的问题。面对这样的问题，过去我们关注更多的是处在不同位置的两点之间的位置关系，今天我们将把关注点转移到能够表明两点之间的图上距离和实际距离对应关系的这个“标准”上，它是我们绘图或解决问题的重要依据。这节课，我们的学习就从这样的“标准”来展开。

（二）并重教学两种比例尺

以往的教材编排和课堂教学都以数值比例尺为主，线段比例尺只是点到而已。可结合实际情况，我们又明显感受到线段比例尺在学习和使用中的优越性，这是教学中存在的不可回避的事实。因此，新教材的编排较老教材有明显改善——两种比例尺并重出现，允许学生选择自己喜欢的比例尺解决问题。我们的教学也应该尊重这样的事实。教学中，我先从线段比例尺自然地引出数值比例尺，然后引导学生发现二者的特点和作用，感受到它们的优势互补，接着在相互转化的过程中感受到它们之间的内在联系，较好地渗透数学思想和方法。这样并重教学两种比例尺，也为下一步利用比例尺解决实际问题做好了充分的铺垫。请看教学片段：

师（将上题中的线段比例尺画在黑板上）：我们再来观察刚才图中的这个“标准”，它直观形象地表示出在这幅图中，图上 1 厘米的距离（板书：图上距离 1 厘米）相当于地面上 200 米的实际距离（板书：实际距离 200 米），也就是图上距离和相对应的实际距离的比（板书：1 厘米∶200 米＝1 厘米∶20000 厘米＝1∶20000）。（指板书和平面图揭示）像这样，所表示的一幅图的图上距离和实际距离的比，就叫作这幅图的比例尺。

师：很显然，比例尺是一个比，它的前项是图上距离，后项是实际距离。像这样的比例尺，是借助线段和数量来表示图距和实距的比，我们把它叫作线段比例尺（板书：线段比例尺）；而直接用数值来表示图距和实距的比例尺就叫作数值比例尺（板书：数值比例尺），数值比例尺也可以写成分数形式。

师：观察线段比例尺的特点——图距是线段，实距是数量，从中你能更容易地看出什么？

生：从线段比例尺中能更容易地看出图上 1 厘米相对应的实际距离是多少。

师：数值比例尺呢？

生：数值比例尺的图距和实距都是具体的数，并且单位都是统一的，所以从中能很容易地看出二者之间的倍数关系。

师：你能看出它们之间的什么倍数关系？请结合 1∶20000 说一说。

生：可以看出，实距是图距的 20000 倍，图距是实距的$\frac{1}{20000}$。

师：知道它们之间的倍数关系，对绘图或解决问题有作用吗？

生：有作用。如果知道实际距离，就可以把它缩小到它的$\frac{1}{20000}$求出图上距离并画在图纸上；如果知道图上距离，就可以直接把它扩大到 20000 倍求出实际距离。

师：看来，两种比例尺的特点不同，作用也各不相同。线段比例尺能更形象直观地表示出图距和实距之间的对应关系，但不容易一目了然地看出图距和实距之间的倍数关系；而数值比例尺的优势恰恰是能更清楚地看出图距和实距之间的倍数关系，但没有线段比例尺形象直观。如果能把二者完美结合起来，我们对比例尺的理解和掌握将会更深刻更灵活。

师：下面，我请同学们来观察两幅中国地图（课件出示地图，第一幅比例尺为“0　500km”，第二幅比例尺为“1∶30000000”）

师：两幅图的比例尺各是什么比例尺？

生：第一幅为线段比例尺，第二幅是数值比例尺。

师：为什么同样是表示北京到广州的距离，画在不同的地图上，长短却不同呢？（在两幅地图上，用线段连接北京、广州）

生：这是因为两幅图的比例尺不同。

师：实际距离一样的情况下，比例尺的大小跟图上距离的长短又有什么关系呢？请同学们先把两幅图的比例尺转化成同一种形式，然后再试着进行比较，看有什么发现。

（学生先独立转化比例尺，并观察比较，然后小组交流）

师：请谈谈你发现了什么？你是怎么发现的？

生 1：我把第二幅图的比例尺“1∶30000000”改成了线段比例尺“0 300 km”。

师：能介绍一下你是怎么改写的吗？

生 1：“1∶30000000”可以看成“1 厘米∶30000000 厘米”，先把 30000000 厘米改写成 300 千米，（师趁势板书）就可以得到上面的线段比例尺了。

师：比较两个线段比例尺，你有什么发现吗？

生 1：我发现，图距 1 厘米表示的实距越大，所绘制出的图就越小。

师：他是通过对比两个线段比例尺来发现的。有不同的吗？

生 2：我把第一幅图的线段比例尺“0 500 km”改成了数值比例尺是“1∶50000000”，通过对比观察发现，比例尺的后项越大，说明实际距离要缩小的倍数就越多，画在图上就越小。

生 3：我的想法跟他们都不一样。我先求出了两个比例尺的比值是$\frac{1}{50000000}$和$\frac{1}{30000000}$，因为这个比值就是图距除以实距所得的商，在除数（实距）一样的情况下，商越小，被除数（图距）就越小。

师：同学们真是太了不起了！大家不仅认识了两种比例尺，而且能够将两种比例尺相互转化，更重要的是能边学习、边应用、边发现。老师真的很佩服你们！

（三）让课堂教学更厚重

为了让课堂教学更厚重，教学中我还做到了以下几点：

1. 让学生的学习视野更开阔。在认识一般比例尺之后，结合实际，引导学生认识更多特殊比例尺，并沟通它们之间的联系。这样不仅充实了教学内容，更开阔了学生的学习视野，让学生学会了用开放的眼光学数学和更加全面地看问题，培养了他们良好的数学思想和情感。

2. 让学生对“比例尺”的思考更深入。教学中，在学生理解比例尺的基础上，我带领学生思考认识同一幅图中比例尺的唯一性、比例尺与图距大小的关系等。

我针对此展开了教学。

师：回过头来我们看刚才的几幅图，它们都是把实际距离按照一定的比缩小后画出来的，所以在相应的数值比例尺中，我们就发现，比的前项都是 1。其实，在实际生活中，也有把实际距离扩大一定倍数画在图纸上的。比如在工业生产中，一些精密零件或产品非常小，要把它们的结构图画在平面上，就要扩大一定的倍数。

再比如，刚才我把实际 1 厘米长的线段画在黑板上时，为了让大家看得更清楚，我其实是画了 10 厘米长，也就是把它扩大到 10 倍画出来的，那么，我画图的比例尺就是 10：1。

所以，一般情况下，数值比例尺的前项是1，特殊情况下，也有可能后项是1。

师：其实，稍加留心，你就会发现，我们见过的线段比例尺也不尽相同。我搜集了一些，也请同学们来看一看不同之处在哪里。

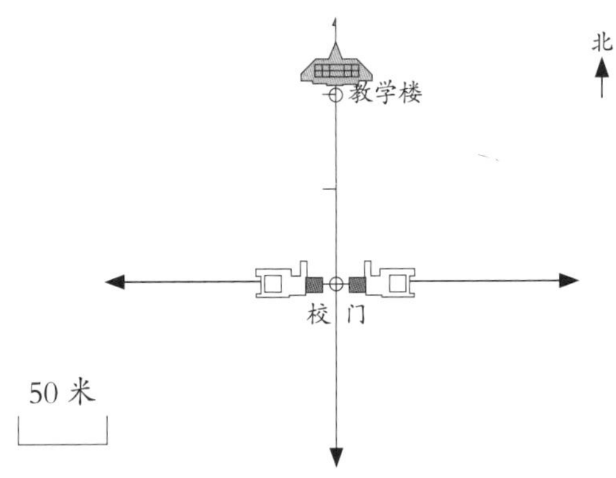

用 1 厘米长的线段表示 50 米的实际距离

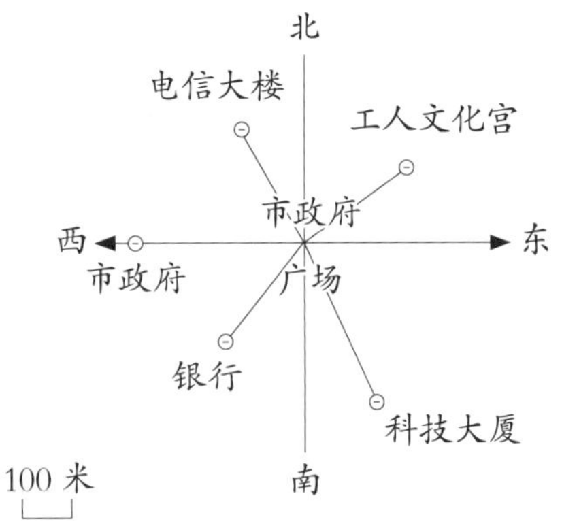

用 0.5 厘米长的线段表示 100 米的实际距离

师：尽管比例尺所呈现的形式不尽相同，但它们的实质都是一样的，那就是以图例的形式表示出了图上距离和实际距离的比，它是我们制图的标尺，更是一幅图的主题和灵魂。理解比例尺的意义，学会转换不同形式的比例尺转换，对我们今后的学习和生活大有帮助。希望同学们课下多留心，看看还有什么新发现。其实，刚才所看到的这些稍有变化的比例尺都是可以转化成我们今天认识的两种比例尺的，同学们课下可以一试。

一个单元——调整补充

数学教材中的一个单元，往往是一个相对完整和独立的知识结构。教学时，要对单元内容进行整体的研读和把握，必要时还可以在单元内容中做出合理调整和补充。

一、研读教材

人教版数学五年级下册第四单元的内容是“分数的意义和性质”，这是传统的重要的教学内容之一。与过去的教材相比，新教材在这部分内容的编排上进行了很大的创新，如将最大公因数与约分、最小公倍数与通分等相关知识有机地融合在一起（见教材第 4 小节“约分”、第 5 小节“通分”），更加注重知识间的联系，体现了数学的应用价值，为教师们整体理解和把握教材提供了很好的依据。正是受教材第 4、5 小节编排上的启发，在整体学习和研究了本单元教材后，我们对单元中第 1、2 小节的教学内容也进行了细致的研读和思考。

教材在本单元第 1 小节“分数的意义”和第 2 小节“真分数和假分数”这两个环节的编排上较多地保留了传统教材的顺序和形式。

教材中的教学内容与编排特点

教学内容	编排特点
分数的意义	分数的产生
	分数的意义
	分数与除法的关系 例 1:1÷3；例 2:3÷4；例 3：求一个数是另一个数的几分之几（或几倍）：7÷10、20÷10
真分数和假分数	认识真分数（例 1）
	认识假分数和带分数（例 2）
	假分数化整数或带分数（例 3）

二、创新实施

在教学时，我们将两个小节的内容整合在一起，调整了有关教学内容的顺序，并对部分内容进行了适当的补充，按照新的课时安排和顺序进行了教学。

整合后的教学内容与编排特点

教学内容	编排特点
分数的意义与真分数和假分数	分数的产生
	分数的意义
	真分数和假分数
	分数与除法的关系 例 1：1÷4；例 2：3÷4；补充：5÷4、7÷4
	求一个数是另一个数的几分之几或几倍 例 3：$7\div10=\frac{7}{10}$、$20\div10=2$；补充 $10\div7=\frac{10}{7}$
	认识带分数；假分数化整数或带分数

这样调整的目的和效果是：

1. 在学生了解了分数的产生，在“分数的意义”课程基础上，直接教学“真分数和假分数”。让学生进一步理解假分数的意义，知道假分数是把单位“1”平均分成若干份后，表示同样多或多于所分份数的一种分数，所以它等于或大于 1。这样做，不但巩固理解了刚刚学习的“分数的意义”，而且将分数的概念进行了扩展。

2. 在教学了“真分数和假分数”的基础上，再教学“分数与除法的关系”，就可以突破教材的局限。通过补充教材，出现形如：$1\div4=\frac{1}{4}$、$3\div4=\frac{3}{4}$、$5\div4=\frac{5}{4}$、$7\div4=\frac{7}{4}$等这样的情况，更加丰富了教材的内容，为发现和总结“分数与除法的关系”提供了更加充分的、更具有普遍意义的素材。

3. 有了上述的基础，再教学“求一个数是另一个数的几分之几”就非常从容、非常完整了。因为教学中不仅可以解决“7只鹅是10只鸭的几分之几”（$7\div10=\frac{7}{10}$）的问题，同时也能解决“10只鸭是7只鹅的几分之几”（$10\div7=\frac{10}{7}$）这样的问题。这为后续学习解决分数乘、除法的实际问题打下了良好基础。

4. 最后教学“带分数、假分数化带分数或整数”，避免了概念之间的干扰。因为过去总有学生认为分数可分为真分数、假分数和带分数三类，这样调整后，加深了学生对这三类分数的认识。学生已经对真分数和假分数有了充分的认知基础，在此基础上再来认识带分数，他们会更加明白带分数其实就是假分数的一种转化形式，对三者之间的关系也会有更加清晰的认识。

一节课——质疑与完善

一节课是课堂教学的一个细胞。教学任务就是靠这样的一课又一课来完成的。因此，一节课的教学最能体现教师对教材的理解和把握能力，也能反映教师的教学思考和智慧。下面，以“平行四边形的面积”一课为例分享我是如何质疑并完善教学的。

一、研读教材

人教版课标实验教材《数学（五年级上册）》对该教学内容的编排如下：

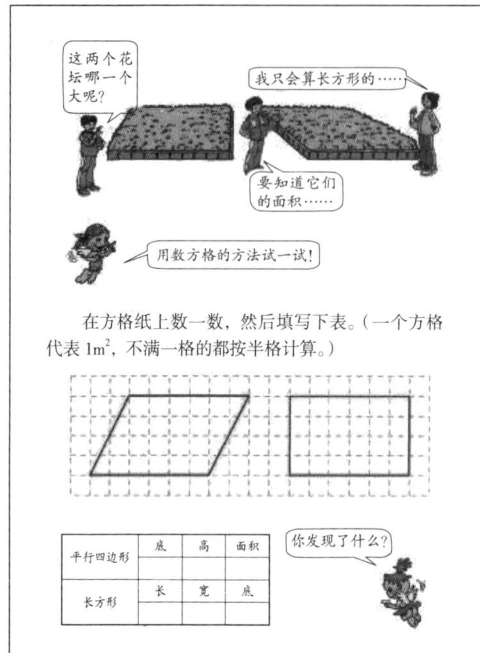

1. 引入。从主题图中学校大门前的两个花坛（一个长方形，一个平行四边形）引入一个实际问题：两个花坛哪一个大？也就是要计算它们的面积各有多大。长方形的面积学生已经会计算，就此引出如何计算平行四边形面积的问题。

2. 用数方格的方法计算面积。教材首先给出提示，不满一格的都按半格计算，并安排同时数一个长方形和一个平行四边形的面积，再对它们的底（长）、高（宽）和面积进行比较，暗示这两个图形之间的联系，为学生进一步探寻平行四边形面积的计算方法做准备。

3. 探究平行四边形面积计算公式。提出“不数方格，能不能计算平行四边形的面积呢？”学生通过动手操作，用割补的方法把一个平行四边形转化为一个长方形，找出两个图形之间的联系，推导出平行四边形面积的计算公式。最后把面积计算公式用字母表示。

在研读教材的过程中我产生了疑问：1. 数面积，为什么“不满一格的都按半格计算”？2. “可以把平行四边形变成一个长方形”究竟是谁的想法？

带着疑问，我找到了教材的编排意图："用数方格的方法计算面积。这是一种直观的计量面积的方法，在学习长方形和正方形面积计算时学生已经使用过，但是像平行四边形这样两边不成直角的图形该如何数？对学生讲是一个新问题。"我和学生一直困惑："不满一格的情况大小不一，为什么都要按半格计算？这样数出来的面积是不是平行四边形的面积？有没有数出来的长方形的面积准确？"

我曾经在没有教材干扰和他人干扰的情况下就"平行四边形的面积的计算"对学生进行调查，大部分学生的真实想法是"用一组邻底边相乘"，几乎没有学生一开始能想到"可以把平行四边形变成一个长方形"。学生之所以想到使用"割补法"进行转化，大都是因为受教材的提示或教师课前要求带平行四边形纸板和剪刀的暗示。"可以把平行四边形变成一个长方形"实际上更多地表达了编者和教师的想法，而不是多数学生原生态的认识。

二、创新实施

基于上述思考，我在教学中做了如下的探索和尝试：

（一）在学生已有的知识基础上建构新知

旧知是建构新知的基础。我的教学，从学生已有的知识基础出发，步步深入，层层推进地接近新知并建构新知。

从"你都了解到平行四边形的哪些知识？"的谈话开始，先唤起学生对平行四边形已有的认知，再进一步唤醒学生对底和高的回忆，为下面的学习做好铺垫。

然后，让学生在方格图中通过画平行四边形并数它的面积的活动，悟出通过割补可以把平行四边形转化成长方形，并巧抓时机，适时追问："平行四边形的面积该怎么计算？"引导学生一步步地推理出平行四边形面积的计算方法。

接着，通过"给出两高一底求面积"的练习，让学生在争论中明白其中的底与高必须是相对应的关系，加强认知，加深理解。

最后，通过解决"推拉成的长方形与平行四边形比面积"的练习活动，让学生进一步理解和掌握平行四边形的面积的计算方法，澄清学生潜意识中“平行四边形的面积=底边 × 邻边”的错误初念。

长方形与平行四边形面积的对比贯穿教学的始终，整个过程实现了新旧知识的有效沟通，实现了在学生原有基础上的有效学习。

（二）在方格图中建构新知

1. 巧铺垫——不告诉学生“不满一格的按半格算”

在让学生数面积时，我没有将教材中“不满一格的按半格算”这一提示告诉学生，而是放手让学生数。在“能数出来”与“没法儿数呀”的学习矛盾冲突中让学生相互启发，从而悟出通过左右移拼的方法来解决问题，为下面进一步使用“割补法”探究新知做了巧妙的铺垫。

2. 探新知——更直观地对比长方形与平行四边形的面积

课堂上，如果让学生现场在白纸上画一个平行四边形，不仅增大了难度而且会很耽误时间。而方格图的出现就很有效地避免了这些问题。学生在方格图中不仅能快速准确地完成操作，而且能清晰地看出所画平行四边形的底和高，为后面的学习提供方便。

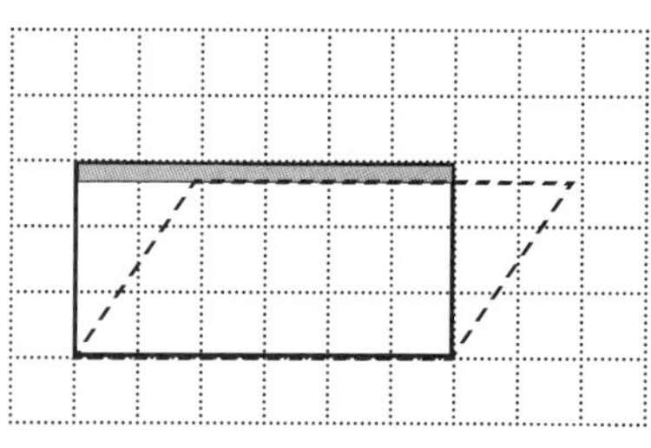

在后面对比推拉前后平行四边形与长方形的面积“谁大”“大多少”的学习中，方格图又为学生的观察发现提供了更直观、明了的“幕后”支撑。尤其是方格图中的格线不仅能让学生更容易地理解左右“割补”的过程，而且能让他们清楚地感觉到“邻边”与“高”的上下“较量”……

一道题——创新改编

一、试题来源

北师大版教材《数学（六年级上册）》第 16 页有这样一道例题：

想一想 半径是 5 米的圆的面积是多少？

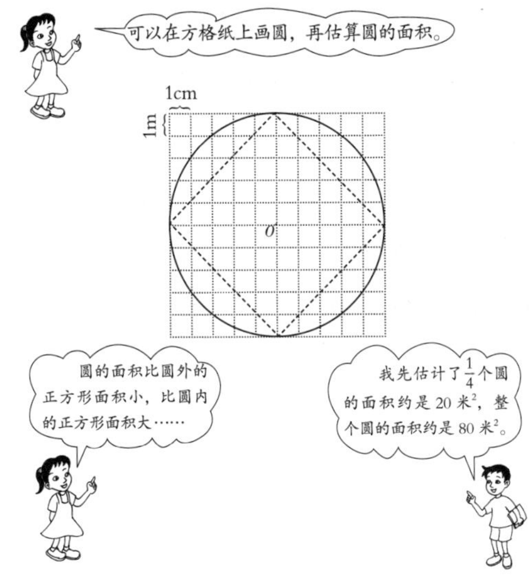

二、创新改编

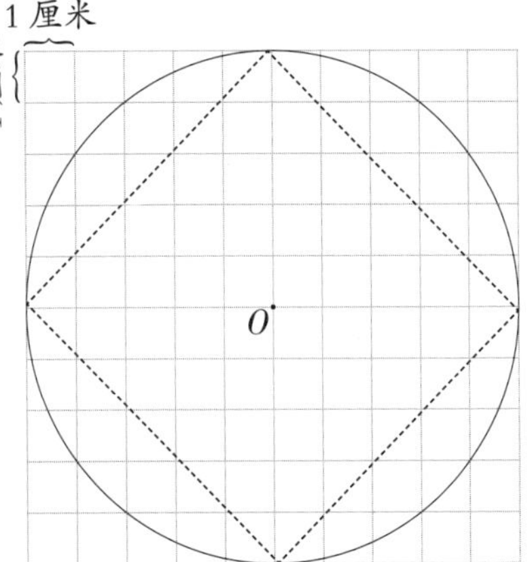

如图，在正方形方格纸上画一个最大的圆，再在圆内画一个最大的正方形。已知每个小方格的边长是 1 厘米。

请选择正确的答案填在相应的括号里。

A. π∶4　　B. 2∶π　　C. 1∶2

D. 2∶1　　E. 4∶π　　F. π∶2

1. 圆内、外两个最大的正方形的面积之比是（　　）。

2. 圆与整个方格纸的面积之比是（　　）。

3. 圆与圆内最大正方形的面积之比是（　　）。

三、作用效果

教材借助方格图意在引导学生更直观地估算出圆的面积比外接正方形的面积小，比内接正方形的面积大。而我认为该组合图形是综合考查学生知识和技能的绝好素材，它的效果可以远远超出教材的教学要求。改编时我借助该图并提出上述问题，不仅可以考查学生对平面图形（正方形、圆形、三角形）面积的计算的掌握情况，而且能通过比较发现两两之间存在的倍比关系，为中学的进一步学习打下良好的基础。

从一类知识、一个单元、一节课、一道题等方面分析教材，我们可以发现，教材很平凡，但作用无价；教材很“薄”，但需要我们“厚”读；教材内容有限，但要求我们的思考和研究无限……

厚读学生

《国家中长期教育改革和发展规划纲要（2010—2020）》提出："把育人为本作为教育工作的根本要求。"要"关心每个学生，促进每个学生主动地、生动活泼地发展，尊重教育规律和学生身心发展规律，为每个学生提供适合的教育。"

《义务教育数学课程标准（2011版）》要求："数学课程应致力于实现义务教育阶段的培养目标，要面向全体学生，适应学生个性发展的需要。使得：人人都能获得良好的数学教育，不同的人在数学上得到不同的发展。"

建构主义学习理论指出：学生并不是空着脑袋走进教室的。在日常生活中，在以往的学习中，他们已经形成了丰富的经验，往往会依靠他们的认知能力，形成对问题的某种解释，而且，这种解释并不都是胡乱猜测，而是从他们的经验背景出发推出的合乎逻辑的假设。所以，教学要把学生现有的知识经验作为新知识的生长点，引导学生从原有的知识经验中生长出新的知识经验。

上述观点充分表明，课程改革的基本出发点和归宿点是以学生的发展为本。我们的教育越来越关注人的生命质量，关注学生个体的健康发展，呼唤富有生命活力、真实健康的个体的出现。

从心理学的角度看，即使处于同一年龄阶段的不同学生在认知水平、认知风格和发展趋势上也存在差异。学生的智力结构也是多元的，有的习惯于形象思维，有的习惯于抽象思维，有的长于计算，有的强于证明，这本没有优劣之分，只表现出不同的特征与适应性。另外，每个学生都有自己的生活经历、家庭环境和一定的文化感受，这导致不同的学生在数学学习中有自己的思维方式和解决问题的策略。

从学生的发展需要出发审视整个教学过程，读懂学生自然成为课堂教学的首要任务。没有读懂学生，任何新模式、新方法都会流于形式。教师研读学生的理念与水平则直接决定了教学的走向与质量。

数学课程标准指出："要全面了解学生数学学习的过程。"这个过程涉及课前、课中、课后，贯穿整个教学的始终。在"厚重课堂"的研究中，教师不仅要读懂学生，更要厚读学生，真正做到走近学生、走进学生、了解学生、理解学生，这样才能准确地选择教学起点，合理地做出教学决策，正确地把握教学走向。

课前读学生——准确选择教学的起点

美国教育家奥苏贝尔说："影响学习的最重要因素是学生已经知道了什么，我们应当根据学生原有的知识状况去进行教学。"教学应该把学生原有的知识经验作为新知的生长点，引导学生在原有知识经验的基础上生长出新的知识经验。这就要求教师要在课前对学生的学情进行"厚研"。当然，想真正了解学生不能仅仅凭经验，更不能想当然，要做充分调研。下面就以我们对"平行四边形的面积"一课所做的课前调研为例，谈谈课前对学生的研读。

一、课前调研

调研对象：某校五年级 6 个班中抽取的 3 个班，共 239 名学生。

调研内容：给每个学生提供一张问题试卷，试卷上只画了一个平行四边形，给出数据，底 20 厘米，邻边 15 厘米，高 10 厘米，图上没有画高，也没有标注其他任何数据，请学生计算这个平行四边形的面积。

调研结果：

算式	第 1 个班	第 2 个班	第 3 个班
（20 + 15）×2	7	11	19
20×15	65	66	63
20×10	5	2	1

计算平行四边形的面积时，约 15.5% 的学生将面积的算法与周长的算法混淆；约 81.2% 的学生是用“底 × 邻边”计算的；只有约 3.3% 的学生想到用“底 × 高”的方法来计算。

调研分析：少部分学生用周长的算法求面积，显然是将周长与面积的概念混淆，或对问题的理解不够清楚。极少数学生想到正确的算法，可能是课前预习或课外参加了辅导。多数学生产生的想法反映了他们的真实思维。仔细想想，学生有“底 × 邻边=平行四边形面积”的想法并不意外，对于面积的计算，学生之前已经学习了长方形、正方形面积计算——“长 × 宽”“边长 × 边长”，都是用相邻的两条边长相乘，后来在认识了平行四边形后，知道长（正）方形是特殊的平行四边形，平行四边形又很容易变形成长方形，所以他们很自然就会想到用“底 × 邻边”来计算。这是知识的正向迁移带给学生的最初的理解，也是学生思维的本真体现，更是教学应该准确选择的起点。

二、教学实施

正是在上述调研的基础上，在设计本节课时，我鼓励老师们积极尝试，让教学循着学生的本真出发、展开。先按照课前调研的方法和内容放手让学生根据自己的理解计算平行四边形的面积，然后将这些真实的算法一一呈现出来，引导他们对比，“同样的平行四边形，面积为什么会有不同答案”。学生在对比中很快就会否定算周长的方法。接下来就重点分析“底 × 邻边”的算法，教师可出示课前准备的平行四边形框架，把平行四边形拉成长方形，让学生直观地发现“底 × 邻边”计算的是拉成的长方形面积而非平行四边形的面积，接着请用“底 × 高”计算面积的学生交流，根据他们的思维用割补移拼的方法将平行四边形转化成等面积的长方形，进而得出“平行四边形的面积=底 × 高”这一正确结论。学生错误的想法得以纠正，认识得到澄清。

三、反思感悟

作为教师，我们应该静下心、蹲下身，走近并走进学生，了解他们的认知起点，要尊重学生的认知基础，尊重他们的真实想法，哪怕想法是错误的，我们也不要急于去判断和纠正。教学之旅就从这里出发，把它们作为宝贵的资源加以利用，让学生在真实的认知环境中相互启发、自我发现、自我纠正，这样学到的知识和方法就会更牢固、更深刻。

课中读学生——合理做出教学的决策

美国教育家波利亚说：“教师讲什么不重要，学生想什么比这重要一千倍。”课堂不是无情物，它是学生形成自我、展现自我、实现自我的舞台，课堂生活将直接影响他们一生的生命质量。数学课程标准也指出：“学生是数学学习的主人……学生的学习应当是一个生动活泼的、主动的和富有个性的过程。”教师带着教学预设走进课堂，面对的是一个个鲜活的生命个体，在与他们进行生命对话的过程中，会出现来自个体的不同的生成，而这些鲜活的生成，张扬着学生的个性，表达着学生的渴望，也考量着教师的智慧。下面以“3 的倍数的特征”为例谈课中对学生的研读。

一、课堂呈现

在教学“3 的倍数的特征”后，我请学生逐一判断 836、1362、3786549210 这 3 个数是不是 3 的倍数。

在判断的过程中，学生的思维异常活跃，课堂上出现了一幕幕的精彩：

“836 不是 3 的倍数!”孙润泽同学抢先回答，“因为 8 不是 3 的倍数!”

“他的方法不对！应该是把 8、3、6 三个数加起来，和是 17，所以 836 不是 3

的倍数。”崔骁闯同学胸有成竹地打断了我和同学们的思考。

“因为 3 和 6 都是 3 的倍数了，所以我觉得不用把三个数都加起来了，只看 8 就可以判断出结果。”孙润泽同学解释说。

“是啊，他这样判断有道理啊！多简便的好方法!”我内心暗藏喜悦，因为我设计此练习的“阴谋”已经“得逞”。

崔骁闯同学抗议：“老师，他的方法虽然也判断出 836 不是 3 的倍数，但我觉得这种方法不保险!”

怎么办？课堂出现了意外的生成。考验我的时候到了，我暗暗提醒并告诉自己，不能回避，要尊重学生的真实！

短暂的思考后我马上灵感忽现：“你们怎么看待‘骁闯法’和‘润泽法’？”我把皮球先踢给学生，先听听他们的评判再说。

一个小姑娘抢先回答：“‘骁闯法’保险但是不简便，‘润泽法’简便但是不太保险。”小评委的“评语”言简意赅，直中学生心声，同学们终于由小声嘀咕转成了大声附和。

我趁势发话：“张老师非常能理解大家的想法。也难怪，只是一个 836 还不能让我们对这种方法给予肯定。要不，咱们再来一个数试一试？”我顺势出示 1362，把学生的思维再次调动起来。

“1362 是 3 的倍数!”学生快速给出了答案。

“张老师特别想知道，你们判断时用的是谁的‘法’？”

“我先用的是‘润泽法’，只看 1 和 2 的和就判断出来了，然后又用‘骁闯法’算了算，结果一样。”他的回答赢得了旁听老师们的赞许。

“你可真行啊!”我笑着表扬了他，“怎么样？‘润泽法’还行吧？”

“还行!”多数学生给予了肯定，但少数学生略显迟疑，没有张口回应我。

“我们再来判断一个数!”我出示了 3786549210，想让学生有更进一步的体验。

崔骁闯第一个要答，我以为这么快有答案，他一定是采用了‘润泽法’，于是忙把机会给了他，甚至把评价的话都准备好了——“看人家崔骁闯多会学习别人的好方法啊!”

“各位上的数加起来正好是45，所以它是3的倍数。”他的回答出乎我的意料，还真是要考验我的应变能力啊！我赶紧调整我预设的评价：“你的口算能力可真强!”老师们又一阵笑声响起。

又一个学生发言：“我把数中的3、6、9、0都排除不看，把剩下的数加起来和是27，所以它是3的倍数。”十足的一个“润泽法”支持者!

崔萌萌被掌声激起:“我先把不是3的倍数的数找出来，7和8，5和4，2和1，然后把7看成6，少的1给后面的8补成9，再把5看成3，少的2给4补成6，最后把2和1加起来就行了。”

我也再次灵机闪动：“你可真行，是‘润泽法’的支持者，又是创新者！你的方法就叫‘萌萌法’吧。”师生们又是一阵赞赏的笑声。

“我有意见!”又是崔骁闯！这真是一个有主见的孩子，我一刻也不敢怠慢地把话筒给了他。

“她把7看成6，少的1正好给后面的8合成9，如果后面的数不是8呢？”

我觉得他这次的发言很有道理，于是急忙肯定：“是啊，要是7后面的数是0呢？”

“所以，崔萌萌的方法也不保险！”他更有底气了。

“老师，我还有简便的方法!”又有一个男孩发言，“我把3和7加，8和2加，6和4加，9和1加一共是40，再加5是45。”

“你是‘骁闯法’的支持者，也是创新者啊!”我和学生、旁听老师一起，轻松并友好地笑着快速做出了评价。我同时也在心底暗自嘀咕：“骁闯法”的支持者还真不乏其人啊!

看时机成熟，我进行了小结：“同学们，刚才你们的精彩表现赢得了在场老师们的掌声。你们敢于表达自己的心声，敢于坚持自己的想法，你们在用自己的智慧告诉大家：当我们遇到特殊的数据时，可以尝试着用‘润泽法’和‘萌萌法’学会具体问题具体分析，因为这些方法的确很简便；当简便方法行不通时，别忘了，我们还有‘骁闯法’，因为这个方法很保险！”

二、反思感悟

吴正宪老师曾讲过："在育人的过程中，没有什么比保护学生的自尊心、自信心更重要；在学习的过程中，没有什么比激发学习兴趣、保护好奇心更重要；在交往的过程中，没有什么比尊重个性、真诚交流更重要。"课堂上学生的表现也让我有了新的认识：每个学生都是有思想的个体，面对同样的问题，他们都有自己的认识和理解。作为教师，我们应该充分地尊重学生，相信学生，真心地走进学生的内心世界，用心地去读懂他们的真实想法并给予肯定和引导，真诚地为他们提供展示个性的时间和空间，允许学生有个性的坚持和表达。因为，抓住了学生，我们就抓住了教育的生命！

课后读学生——正确把握教学的走向

《义务教育数学课程标准（2011版）》指出："学习评价的主要目的是为了全面了解学生数学学习的过程和结果，激励学生的学习和改进教师的教学。"学生课后通过作业、试卷等给我们的教学做出了及时反馈，向我们传达了学习中存在的最真实的信息。教师不能只关注其正与误，还要对其做出合理、科学的分析，从中悟出教学的得与失，正确把握教学的新走向。

一、课堂呈现

期末考试命题时，我把人教版数学五年级上册的一道练习题原封不动地搬到了试卷上：

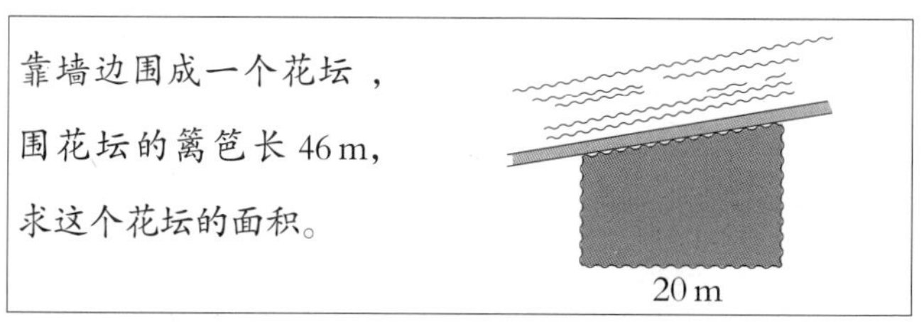

靠墙边围成一个花坛，
围花坛的篱笆长46 m，
求这个花坛的面积。
20 m

显然，这道题是考查学生对梯形面积计算的掌握情况。题目中只直接告诉了梯形的高而没有上底和下底，但通过篱笆的长可以知道上下两底之和是 26 米（46–20），再根据梯形面积的计算方法直接用 26×20÷2 求出该梯形的面积。

阅评试卷时，学生的反馈出乎老师们的意料：

方法 1：46−20＝26（米）10+16＝26（米）(10+16）×20÷2＝260（平方米）

方法 2：46−20＝26（米）12+14＝26（米）(12+14）×20÷2＝260（平方米）

…………

学生的思维显然还是停留在面积计算公式的层面上：要求梯形的面积，必须得知道它的上底、下底和高，三者缺一不可。当已经知道上、下底之和后，依然要假设出它的上底和下底，然后才能代入公式求面积。

学生的思维不禁让我陷入了思考：梯形的面积＝（上底＋下底）× 高 ÷2。教学时，教师是引导学生理解梯形的面积与“上底”“下底”和“高”三者都有直接关系，还是与“上下底之和”和“高”有更直接的关系？我们知道梯形的“上底”和“下底”的目的和作用何在？

我又自然地想到了平常教学中常遇到的题，如：

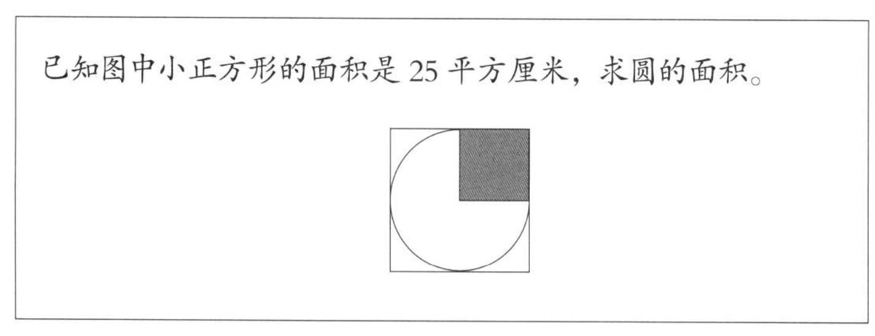

已知图中小正方形的面积是 25 平方厘米，求圆的面积。

学生会根据“25”这个特殊的数据很快得出正方形的边长，也就是圆的半径是 5，然后顺利求出圆的面积。但当我把题中的“25”改为“20”后，学生就显得束手无策了：“老师，这个圆的半径不知道是多少，面积没法求啊!”

计算圆的面积，我们只强调要知道它的半径 r，而没有结合公式强调“圆的

面积是 r^2 的 π 倍”，也就是圆的面积与 r^2 有着更为直接的倍数关系。如果学生已经知道了 r^2 是多少而不会求圆的面积，这说明我们教学中还存在着问题。

二、反思感悟

面对这些学情，我有这样几点思考：

1. 面对概念、法则、公式等所谓的一些“死知识”，我们习以为常地认为就应该把它们“教死”，学生就应该“学死”。殊不知，这样下来，学生掌握的永远都是“死知识”，解决问题时使用的永远都是“死方法”。我们的学生发展能与新课程同步吗？

2. 教师的视野决定着学生的视野。教师能把“死知识”教“活”，学生就能把“死知识”学“活”、用“活”。作为教师，我们认真地研读教材、专业地厚读教材了吗？我们的学习与新课程同步了吗？

3. 面对学生的反馈，我们一直埋怨他们“太笨了”“死脑筋”，可是，我们静心想一想，学生真实的反馈正是在向我们传达着最重要的信息——我们的教学中还存在很多缺失。作为教师，我们有没有做到真诚地面对学生、真心地走进学生、用心地读懂学生。

厚析课堂

这里的“析”，指的是分析、研析、赏析等。“厚析课堂”要求教师要深入地、细致地、智慧地读懂课堂。这里的课堂，既包括他人的课堂，也包括自己的课堂。通过“读懂课堂”，实现对教学过程的深刻反思和与教者的深度对话，从而更好地内化于自己的教学，做到在学习中思考，在扬弃中借鉴。

关于对自己课堂的分析，我会在本书第三部分的“‘厚重课堂’典型案例”中涉及。本节主要精选几位全国名家名师的精彩课堂与老师们一起赏析。

人课合一　读课读人

——吴正宪老师教学艺术赏析

作为吴正宪老师的徒弟，我熟悉她的课，更熟知她的为人。每次听她的课，我都是如醉如痴，就像在欣赏艺术家精湛的演出，眼睛一刻也舍不得离开，常常忘记了拿笔记录。我越来越强烈地感觉到，她的课一招一式均有戏，她的一颦一笑都关情，需要我们用心细细去体味，就像一杯浓茶，浓香扑鼻之后我们再一口一口地去品，方知其中之味美。老师们也常常就是这样品出了其中的真滋味。在“千课万人”平台上，我又亲眼见证了专家们书面评课、老师们短信互动中对吴老师课堂的好评，感受到了大家对吴老师个人的由衷喜欢、敬佩和爱戴。“人如其课，课如其人，人课合一”，这是对吴老师教学艺术最真实的写照。

严谨的吴老师

“千课万人”第一届“新课标课堂”上，吴老师早早来到会场。在北侧休息室里，她把我拉到她的电脑前，再次打开她本来就很完美的报告稿，字斟句酌地琢磨起来，哪一段可以再精简，哪一句可以再修改，哪部分可以再完善。其中有一句话大概是：其中未知数等同已知数，一起参与运算，找出等量关系，并使学生能自然地表达……这句话中，“自然地表达”一词是吴老师思来想去、慎之又慎选定的。她认真地告诉我这是她特别想要表达的意思，不知能否让老师们听明白。她把我作为第一位听众，真诚地征求我的意见。我感动地说：“师父，您太认真了，这个文稿只是您报告的辅助材料，在老师们眼前一闪而过，大家不会这么认真看的，您的意思已经表达得很清楚了。”她认真地说：“那可不行，做什么事情都要精益求精，治学一定要严谨，这也是对老师们的尊重。”

朴实的吴老师

吴老师的课堂上，很少有华丽的课件和贵重的教学用具。“搭配”一课没有课件，只有一些吴老师亲手做的简易服装图片；“重叠”一课中，她用两个椭圆卡片并在上面用黑笔涂上几个圆圈代表两个集合圈的元素，具体生动地演示出了并集、交集、子集与全集的关系，使学生感受到了重叠的不同情况；“方程的认识”一课她没有带实物的天平，而是用一张硬纸条做了一个简易的“假天平”，却达到了真天平远远不及的效果，课后，老师们激动地与这个“假天平”合影留念；“乘法的分配律”一课，两张普通的长方形、正方形纸就代表了两面要粉刷的墙……她说：“真正的好课应该去除浮华，追求本真，让孩子们好理解、能读懂，让一线教师好借鉴，对于改进教学有帮助。这样的常态课堂容易让人产生亲近感。”吴老师是这样说的，也是这样做的。

热情的吴老师

“千课万人”的大课堂上，吴老师的课堂总是爆满，每次课堂教学一结束，听课的老师们都把她围得水泄不通：签字的、合影的、交流的、求教的……吴老师总是不顾劳累，热情地解答老师们的问题，满足老师们的需求，常常会耽搁吃饭和休息。尽管她每次都事先交代，让我结束后帮她收拾东西并提醒她返程时间，但我和会务人员每次都因“救驾”不成而无奈苦。吴老师总是这样对我们解释：“老师们太热情了，我也是一名普通的教师，他们能这么喜欢我和孩子们的课堂，我很珍惜。如果连这小小的要求都不能满足他们，真是于心不忍。尤其是边远山区的老师们出来一次不容易，老师和孩子们需要的，我就努力做好，尽可能不让老师们失望。老师们对我的课堂的喜爱和追求就是对教育的喜爱和追求，我会好好呵护这份真诚的爱。让更多的老师把这种真诚的爱传播出去，让我们更多的教师爱教育、爱学生。”在吴老师身边，你总能感受到从她身上传递出来的正能量，她就像一个磁场，将身边的人慢慢吸引、感化……

严格的吴老师

“千课万人”第一届“新课标课堂”上，我有幸被会议主办方邀请讲一节示范课，时间是最后一天的下午第一节，而吴老师的示范课是第一天上午的后两节，第一天吴老师讲完课送走最后一拨“围攻”的老师们，已经快下午一点了，她的返程飞机是下午四点多。时间紧张，在回宾馆的路上，吴老师说：“咱俩回去简单吃点饭，然后到房间你再给我说说课。”“您不要休息一会儿啊！”我心疼她太累、时间太紧。“不休息了，你得把课上好啊!”我感动得说不出话来。就这样，中午短暂的时间里，吴老师边收拾行李边听我说课，然后再耐心地给我指导，我在师父节约下来的分秒时间里接受着她的指导，享受着浓浓的师爱!

体贴的吴老师

每次与吴老师随行，我都能从细微之处感受到她对会议的赞赏和对会务组人员劳动的尊重："会议办得真有质量，老师们收获多多!""我很赞同会议研讨、互动的形式!""你们辛苦了!""谢谢你们这样用心地为大家服务!"……她用真诚的体贴温暖着每个工作人员，在她的身边，你总能感受到温暖和幸福。

"做人，做教师，做学问。"此刻，我又想起了她经常嘱咐徒弟们的话……

最美的遇见

——刘德武老师"位置与顺序"教学艺术赏析

钱塘江边，西子湖畔，因为有了"千课万人"，每每临近却无暇游赏这些著名的江南美景，但我们并不遗憾。在"千课万人"的现场，我们总能欣赏到更加别样的风景——江潮不及、湖水不胜的课堂!

刘德武老师的课，带我们走进了一幅美丽的江南画卷：夕阳、古树、落花，小桥、流水、人家……那么安详、静谧，又是那么怡情、醉人！沿着小桥石阶，循着潺潺流水，我和学生们一起徜徉其中，邂逅最美的金秋。

遇见——一位慈祥的爷爷

刘老师虽年近古稀，但依然精神矍铄，神采奕奕，言谈举止无不彰显出他令人叹服的精、气、神。台下的刘老师平易近人，与老师们谈笑风生，台上的刘老师亲切慈祥，与孩子们倾心交流。

"孩子们，我们要上课了！我们学校叫采荷一小，多好听的名字啊！

"'人'站'立'着就有了'位'置。'与'就是爷爷和奶奶、爸爸和妈妈中的'和'的意思。'顺序'就像我们排队，有先有后；'例题'就是这个题目很重要，我们要把它当成例子来好好学……"

"告诉我这几个小动物谁住在上面，谁住在下面，就算说清楚了。"

"谁能说出谁住第 1 层，谁住第 2 层，谁住第 3 层，谁住第 4 层，就算棒！

"这个题目有点长，我来替大家读读吧。"

"乖，不吵了，不吵了，刘老师在叫你们呢!"

"你们这样一表演，大家都清楚了。你们的功劳可真大!"

…………

这一刻，孩子们眼中的刘老师，多像是疼爱他们的刘爷爷!

遇见——一位可爱的老顽童

与儿童打交道，就要永葆一颗童心。与儿童打了一辈子交道的刘老师一直童心未泯。正如他对"教与学"的诠释：教与学最根本的是一个"融"字，教师要全身心地把自己的教主动地融进学生的学，而且要融得自然、舒服。在刘老师的课堂上，我们见证了他与学生的水乳交融。老师们常常由衷地叹服刘老师的功力——与不同年龄段孩子们都能做到深度交流：与高年级的孩子一起交流思想，与中年级的孩子一起碰撞思维，与低年级的孩子一起在玩中学习。

在一年级孩子的课堂上，我们就见到了这位可爱的老顽童：他和小朋友一起送小动物"回家"，和唐僧师徒一起捉迷藏，和小朋友一起数汽车，和小动物一起赛跑，和小猴子一起捞月亮……话语中也时时透出他永葆的童真。

"你们还是看我吧! 我是真的。我比屏幕上的他更厉害，他只会学我。"

"来，我们送小象回家吧。"

"都说是 5 辆车，是不是趁我不注意，你们偷偷商量答案了?"

"别骄傲，还有问题呢! 非为难你们不可! 不信? 看看吧!"

…………

我们台下调皮地称刘老师为"小清新"，大家期望刘老师永远是我们喜欢的老顽童!

遇见——一位可敬的智多星

每次"千课万人"之行，老师们都不愿意错过刘德武老师的授课。他总能通过新颖的设计和智慧的教学带给大家全新的震撼。这震撼，源自刘老师的独特智慧；这智慧，来自刘老师的专业与积淀。

1. 内容——丰富多元的呈现

关注刘老师的人都有这样的感受，他常常有新课出炉："斐波那契数列""画正方形""密铺""平行四边形的面积""可能性""两位数加减两位数练习""找规律""位置与顺序""我们来到钟表盘上"……涉及各个年级段、各个内容领域、各种教学课型。每节课都是那么让人眼前一亮、耳目一新！难怪，我们每次都对刘老师怀有特别的期待！

2. 内涵——数学教学的深度

走进刘老师的课，你总会发现他数学教学所具有的深刻内涵：

数学学习习惯的培养："光会做题还不行，我们还要学会方法。怎么学呢？刘老师知道你们年龄还小，我把它总结成两句话——'看看题目是怎么写的，说说自己是怎么想的。'""按照这两句话去做，好多语文、数学知识都能学得很好！"

从一年级开始，刘老师就开始引导学生学会审题、学会推理、学会语言表达。

刘老师重视教学中数学思想方法的渗透，我对刘老师"斐波那契数列"一课中"天下难事必作于易"这一"化难为易"思想的精彩诠释非常难忘。在低年级课堂上，孩子们对数学思想方法虽然还没有意识，但刘老师借助直观的图形让学生更深入地明白了道理，我想这就已经在学生幼小的心灵里埋下了"数形结合"的种子。另外，通过否定句式相关内容的教学，学生学会了用排除法解决问题，这就是学习方法的渗透和指导。

数学能力的培养："判断 A、B 两个赛跑图哪个正确"的问题，让学生观察的对象由单客体增加为双客体，培养了学生对比性观察和选择性思维的能力；通过"怎样改就对了"这一问题的处理，有意培养了学生批判性思维和创造性思维的能力。

3. 艺术——组织教学的独特

一群刚入学两个多月的孩子，一位年近古稀的老人，他们的课堂交融得如此自然与和谐，这得益于刘老师高超的教学组织艺术。每到教学的关键处，每到学生疲倦时，刘老师总会巧妙地出招：

“我们一起送小象回家吧？来，一起喊：‘小象，回家！’”

“咱们打开门看看他们师徒四人，好吗？我喊‘一、二、三’，你们喊‘开门’！”

“我们轻轻地喊他们‘开门’，好吧？”

“大客车你们坐烦了吧？我们换下面的小汽车，好吗？”

…………

感谢岁月和智慧，让我们拥有了这位可亲、可敬的智多星！

家常日子　有滋有味

——黄爱华老师“方程的意义”教学艺术赏析

每次听黄爱华老师的课，都会被震撼得一塌糊涂！他的一言一行、一招一式中都在智慧地传递着情，幽默地表达着意……每次听后都难耐激动和冲动，想写点什么一吐为快，但千言万语总是不知从何说起。因此，每次的震撼也都深深地埋藏在了心底。

春暖花开时，在牡丹甲天下的洛阳，我又一次聆听了华哥的智慧课堂。这一次，他教授的是“方程的意义”，呈现出了“有滋有味”的“家常日子”。我试着通过几组“家常日子”的“镜头回放”，和大家一起品味其中的独特“滋味”！

看连环画，讲连续剧

1. 看连环画

师：编书的人啊，很厉害！他们专门为我们班的同学设计了一幅“连环画”，印在了书里。（屏幕展示）编书的人说：“如果大家看懂了这四幅连环画，就知道什么是方程了。”他们还说：“我们很少在课本中设计连环画，这是专门为你们设计的。”这连环画呀，好比是电视连续剧。看完第一集，还想看第二集，看完第二集，又想看下一集，一直看到最后一集。连环画、电视连续剧，与其让我来讲，还不如让你们去看呢！你们说是不是？你们如果能够看懂这几幅连环画的意思，再琢磨它到底有没有让我们弄懂方程的意义。我们可以试着先看一看，如果愿意和旁边的同学边看边讨论。每一幅图讲的是什么，也是可以的。（学生进入自觉学习状态）

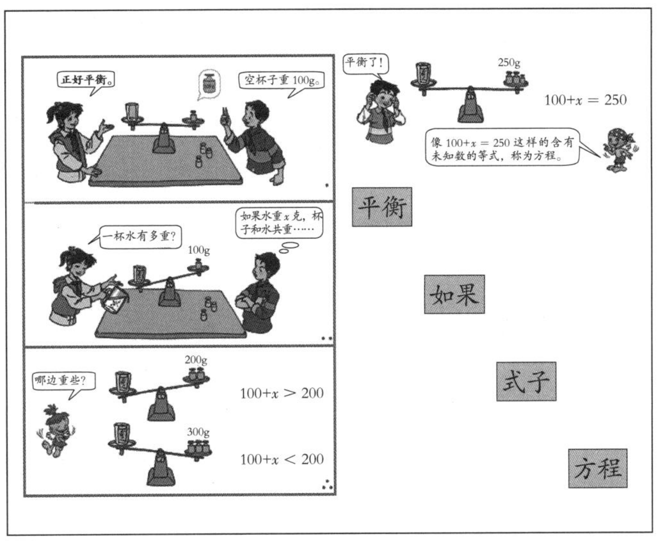

师：同学们看得真认真！谁来告诉大家，你都看懂了什么？

师生共同概括每一幅图的大意：第一幅图告诉我们一个空杯子的质量；第二幅图在空杯里加满了水，天平就倾斜了；第三幅图是不断地加砝码；第四幅图是换砝码，使天平平衡。

师：我脑子里忽然有个问题，如果给这幅连环画起个名字的话，可以叫什么？

生：方程的意义。

师：换一个呢？

师：其实，整个过程中，是在做一件事情，是什么呢？

生 1：加砝码。

生 2：加水。

师：那就是先加水，再加砝码喽。（学生大笑）

生：叫“轻重”。

师：有道理哦，你加水后，人家问：“你加的水有多重？”这个问题实际上是要解决水有多重的，你们说是不是？

为了解决“水有多重”的问题，老在加砝码，你们说，除了“加砝码”，还有“换砝码”，整个过程实际上是在找一样东西，找什么？

生：水的重量。

师：大家再来想一想。

“找平衡嘛!”一听课老师脱口而出。

师：什么?! 这位老师在后面情不自禁地说了几个字，你们听到了吗?

生：找平衡!

师：这么会学习啊!（表扬发言的老师）老师就是老师嘛，老师还是厉害啊! 和同学们坐在一起，我们就一起来学习啊!（邀请老师们参与课堂学习中）

师:“刚才，坐在后面的这个高个子同学说，这幅连环画的名字叫‘找平衡’。找到了平衡，就能列出方程，列出方程，就能解决问题了。编书的人大概就是这么个想法。你们有点儿明白了吗? ”

2. 讲连续剧

师：我想，我们需要把这个过程弄得再细一些，不能简简单单就过去了。我不如找几个同学好好地把这几幅图讲一下。（师生共同选出三名学生和老师一起做好讲解四幅图意的分工）

师指导：怎么讲呢? 电视连续剧的开场不能随便，应该是很有意思的。每一集讲完了，进入下集时应该有个过渡。另外，还有要求是，这四集连续剧讲时分别要用上这四个词：平衡、如果、式子、方程（课件逐一出示）。

你们觉得，我们会讲得很精彩吗? 好，掌声鼓励我们开讲!

生 1：第一幅图讲的是，一个小男孩儿和一个小女孩儿，他们中间放了一个天平，一边有个空杯子，一边有个砝码，小男孩儿说：“空瓶子重 100 克。”小女孩儿就说：“正好平衡。”

师：你把这幅图的内容复述了一遍，说明你读懂了这幅图。

师在生 1 讲述的基础上强调第一集的图意，之后提醒生 1 进行过渡：接下来将会发生什么呢? 请看第二集!（全班笑声响起）

师继续提醒并补充：其实，你的开场还可以这样讲，“找平衡”的连续剧现在开始，请先看第一集!（生 1 学着老师的样子开播，课堂再次响起笑声）

生 2：上集说到……下面，我给大家来讲第二集，请大家听我说：小女孩儿往空杯子里装满了水后，天平就往杯子这边倾斜了，说明这边重了。小男孩儿说："水的重量是不知道的，如果水重 x 克，杯子和水共重多少克？"谢谢大家听我讲！我的第二集播完了，请大家接着看下集！（课堂上掌声、笑声响起）

师：这个同学讲得真好！先把第一集复述了一遍，又清楚地讲了第二集。你们有什么问题要问他吗？

教师引导学生思考，小男孩儿说："如果水重 x 克，杯子和水共重……"编书的人在这里加了省略号，这个省略号是书的地方小，小男孩的话没有说完呢？还是提醒我们看下集？

生异口同声：请我们看下集！

师：这个省略号是提醒我们看下集？还是小男孩儿说了很多的话没有写完？

生：话没写完！

生 2：对！我也觉得是小男孩儿的话没写完。所以还不能轻易过关，得把这些话说完，小男孩儿到底还说些什么？

生 2 陷入长时间的思考，师评价并等待：我很高兴看到咱们班有这样的同学，他没有停止地在进行着思考！

生 1 表示出来帮忙但依然不知道如何表达，这时生 2 抢上来，先是语无伦次地复述图二的意思，然后指出：要知道杯子和水共重多少，肯定是要加砝码了……

师跟进评价并指导：他说得很好啊！最后的指向是提醒大家要试一试，那就要抛出问题呀。我们看，如果水重 x 克，杯子和水共重就是 $100+x$ 克，显然是比 100 克重了，这时天平是不平衡的。那怎么办呢？请看第三集！

生 2 在老师指导下讲述：如果水重 x 克，杯子和水共重就是 $100+x$ 克，要知道 $100+x$ 到底有多重，就要用下面的砝码再试一试，所以请大家看第三集！（掌声自发响起）

师有意引导学生评价自己：你们有没有觉得老师好厉害！厉害在哪里？

师：我没有轻易放过第二个学生，要让他把省略号的意思说清楚。编书的人太厉害了，我们可不能小瞧他们啊！好，接下来有请第三集！

生 3：终于到第三集了！（笑声再起）第一集比较简洁，第二集耽误了很长时间，所以，我在这里批评一下第二个同学！（课堂又一阵笑声）现在，我们言归正传，刚才杯子加水后，天平不平衡了，我就再加一个砝码，这时砝码共重 200 克，还是比水杯轻，我们可以用式子 $100+x>200$ 来表示。既然这样，我就再加一个砝码，会不会两边平衡呢？我们来试一下。再加一个砝码后，我发现比水杯重了，所以得出的结论是 $100+x<300$。我觉得这样加是不行的。

师故意搅局：言下之意是，你这样忙活了半天，是一点用也没有的！你说呢？

生 3 沉默。

师：没有用，你还讲得头头是道；没有用，你还批评别人？

生 2：我刚才在第二集中发现 $100+x>100$，所以要再加砝码试一试，第三集就得这样试啊，先加一个发现大于 200，但天平这端抬高了一点，再加一个，又小于 300 了，就是 $100+x$ 是大于 200，小于 300 的！（笑声加掌声）

师：这就说明，第三集还是蛮有用的啊！

师为生 2、生 3 解围：你怎么突然就跑上来帮她了？其实，她刚才不是批评你，是说你讲的时间有点长了，不过，这不怪你。（学生再次送上开心友好的笑声）

师：好的，前三集顺利讲完了。接下来，轮到我了！感谢第三集的同学做了两次这样的试一试，得出了 $100+x>200$ 和 $100+x<300$ 这样的式子。这时候，我就在想，我不能再这样试下去了，我必须考虑调或者换砝码了。于是，我就把其中一个 100 克的砝码换成了一个 50 克的试一试，这时，我发现天平平衡了！编书的人在"发现"后面用了什么符号？我们应该用什么样的语气来说"我的发现"？

师生齐读：……我惊喜地发现，天平平衡了！

师：天平平衡了，就意味着我们找到了 $100+x=250$ 了，我们就可以列出方程了！（板书该方程）

师：在刚刚讲连续剧的时候，我们到底收获了什么？看起来普普通通的一些文字，其实都特别有读头，哪怕是一个标点符号都很有味道！（"正好平衡""如果水重 x 克，杯子和水共重……""哪边重些？""平衡了！"）多有读头啊！原来，读书是这么读的啊！

生：老师你讲第四集还没用上方程呢。

师：好！我继续讲，“像 $100+x=250$ 这样含有未知数的等式就是方程。”列出方程，是因为我们找到了一种平衡！

师：今天，老师跟大家一起学方程，是想告诉同学们，在解决问题的时候，我们可以把不知道的问题用字母来表示，把它当成条件，和已知的条件放在一起，找到一种平衡，就可以列出方程了，就可以解决问题了。这是一个重要的解决问题的思路！

师：掌声鼓励一下我们四个讲解员吧！

3. 品味分享

一页书，几幅画，这就是黄老师上课的教具。“家常陈设”如此普通，如此简单！但,“日子”过得是有滋有味！教材文本在学生眼里成了最喜欢看的“连环画”。对文本的解读成了学生“讲连续剧”的过程——剧情生动，跌宕起伏，充满悬念。学生热情高涨地“看”，激情投入地“讲”，学得积极，学得生动。这一切，都源自黄老师用心的设计，智慧的启发，大胆的放手，灵动的点拨。还源于黄老师的“眼中有人”和“心中有人”。其中“给连环画起个名字”和“品味标点符号的味道”两处细节的处理让我反复咀嚼，回味无穷！这样教学“方程的意义”，我真还是第一次领略！黄老师对传统数学教学的颠覆让我惊愕——数学课竟然还可以这样上！教室里，老师们瞪大的眼睛、张大的嘴巴和学生们一起脱口而出来“抢答”，还有阵阵的笑声、掌声都在说明，我们都一样地被震撼了！

和方程“相爱”

1. 学列方程

师：我们知道了什么是方程，但还没有亲自列一个像模像样的方程。我决定，请同学们试着列出自己人生中的第一个方程。请大家做好准备，作为学习数学的人，我们这一辈子列的第一个方程即将诞生了！我决定给大家一些帮助。（课件出示右图，学生尝试

列出方程，教师正确引导评价）

师：同学们列出了人生中的第一个方程，好棒啊！给自己点个赞吧！列出第一个，第二个就不难了。再来一个好不好？我们一起来看这张图。（展示新图）

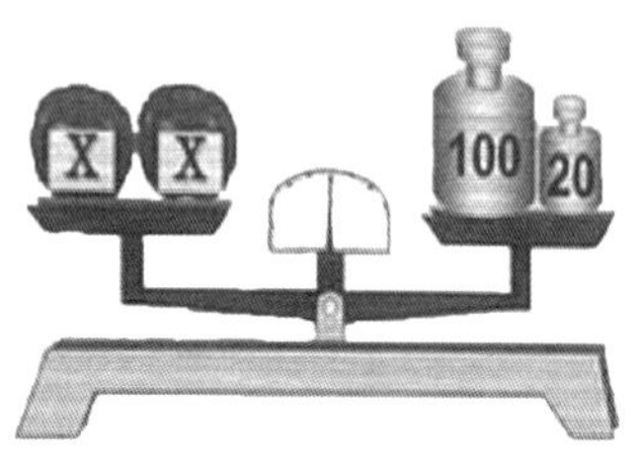

师：要不要增加一下难度？你说难度往哪方面增加？天平平衡，我们要发自内心地感激它！一定要平衡，我们才能列出方程。刚才的未知数都标得清清楚楚的，下面可能就没有那么容易了。如果没有标 x，你怎么办？

师：这是一个虾和蟹的故事。（学生笑）我们可以设一只虾是 x 克。

师：这是一个鸡和鸭的故事。（学生笑声再起）我们可以设谁为 x 呢？

师：再增加一些难度好不好？接下来，我可是要把天平藏起来了。如果将天平藏起来，你还能找到平衡吗？试试看！

师：这里面有没有相等？谁跟谁相等？你从哪里看出平衡的？题中有什么关键词？

生："4 块月饼的质量一共是 380 克。"

师：这个同学读这句话的时候，把质量读得重了一些。你们认为，除了“质量”重读外，还有什么地方应该重读？

生：一共。

师：那就一起读读看。（学生齐读）

师：我觉得还是有点偏。“4 块月饼的质量一共”谈的都是天平的左边，“380 克”才是天平的右边。你们忽略了一个很重要的词——“是”，它才是关键，应该读得重一些。一起读读看！（学生齐读，赢得了老师们的一阵笑声）

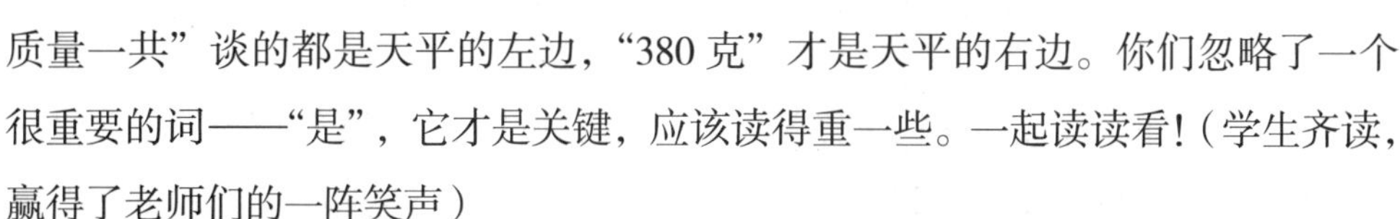

师：继续看，（逐一出示题中的相关信息）题中有什么关键词？

刚好倒满 2 个热水瓶和 1 个茶杯

师：如果不学方程，原来遇到这个问题会怎么办？（再次将列方程与算术法两种解决问题的思路进行对比）

师：再来看身高的问题，我们要怎样做呢？

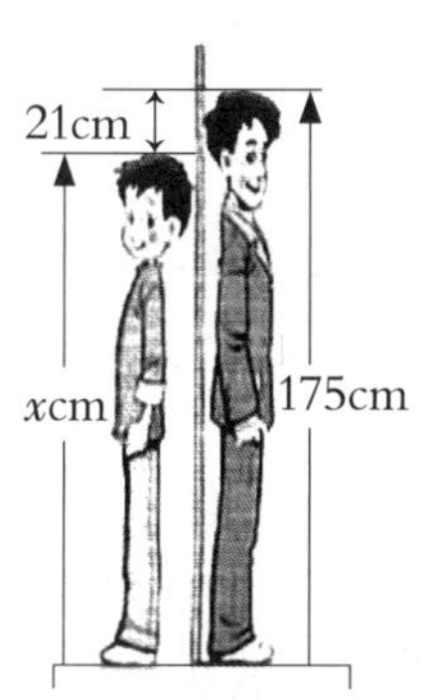

师：虽然学会了列方程，但有的同学可能脑海里一直在困惑：为什么要学方程呢？它到底有什么用？我想用一个同学妈妈的话让同学们明白这个道理。这是一个同学微博上记下的与妈妈的对话，大家来读一读。（学生齐读）

最近我们学习了方程，我很疑惑，为什么那么多简单的问题却要用方程来解决呢？既要写“解说”的内容，计算过程的书写又很复杂。于是，我不解地问妈妈，妈妈说："最近你们是利用这些简单的题目学会列方程的方法解决问题。以后，解决复杂的分数问题或其他的难题，利用列方程的方法解决，就会很有优势了。"我忍不住问妈妈："这是为什么呢?"妈妈告诉我："把一个不知道的问题假设成未知数 x，思考问题时就多出了 x 这个信息。信息多了，解题的难度就小了。"我连连点头，希望我以后遇到难题时，利用列方程的方法真的能够更为简单地解决这个问题。

师：妈妈说的话你们懂了吗？哪句话很关键？"把一个不知道的问题假设成未知数 x，思考问题时就多出了 x 这个信息。信息多了，解题的难度就小了。"是不是这样呢？老师准备给大家出示一个具体的问题，我们一起来体会。

> 妈妈去超市买了 8 盒牛奶，每盒 4 元，买了 2 包卷纸，每包 48 元，还买了 3 支牙膏。结账的时候，妈妈付了 200 元，收银员问妈妈，有 1 元吗？妈妈给了收银员 1 元，收银员找回妈妈 10 元。问，妈妈买的牙膏每支多少元？

老师故意快速读题，让学生感到问题的复杂和烦琐，再引导学生读题，同时列出方程：$8\times4+2\times48+3x=200+1-10$（老师列方程与学生读题同步完成）。

师小结：这么啰唆的问题，我们用方程去解决，真的就简单了许多。让我们爱上方程，让我们喜欢上方程，好不好？

2. 品味分享

学习是为了应用。在解决"怎么用？"这一环节中，黄老师的设计更是独具匠心。且不说问题的设计层层推进，单就问题的处理艺术就令人拍案叫绝！

"我决定，请同学们试着列出自己人生中的第一个方程！"

"刚才的未知数都标得清清楚楚的，下面可能就没有那么容易了。如果没有标 x，你怎么办？"

"如果将天平藏起来，你还能找到平衡吗？"

“你从哪里看出平衡的？题中有什么关键词？”

“妈妈说的话你们懂了吗？哪句话很关键？”

“这么啰唆的问题，我们用方程去解决，真的就简单了许多。”

“让我们爱上方程，让我们喜欢上方程，好不好？”

《学会生存：教育世界的今天和明天》一书中说：“教师的职责在于越来越少地传授知识，越来越多地激励思考。除了他正式的职能外，他越来越成为一位顾问，一位意见交换者，一位帮助发现矛盾论点而不是拿出现成真理的人。”我觉得，黄老师不仅仅是这样的“顾问”，他更像一位热心的“红娘”，在学生和方程之间不断地“牵线搭桥”，让他们完成了从“相识”到“相知”进而“相爱”的过程。我坚信，这场由黄老师做媒的这场“平平凡凡”但又“轰轰烈烈”的“方程之恋”，在学生的人生学习和成长经历中是弥足珍贵的，也一定是刻骨铭心的。

一起来擦黑板

1. 课堂回顾

师：黑板上，就是我们研究的成果，这上面的每一个字都有价值，但一下课就被“唰唰唰”地擦完了，好可惜啊！可不擦又不行，下节课还要用黑板。今天的黑板，先不要全擦掉，我们先擦掉不太重要的内容，你们建议我先擦哪些内容？

生：先擦不等式！

师：不等式是有助于我们研究等式的。

生：擦 $100+x=250$！

师：这是我们研究的第一个方程啊。

生：那擦掉 $8\times4+2\times48+3x=200+1-10$ 吧。

师：这个是让我们体会学方程时用的。

生：要不，就擦“1.……2.……3.……”吧。

师：这是这节课我们要研究的方向啊。

生：那就擦“①……②……③……”吧。

师：这是我们这节课要学习的重要内容啊。

生：擦“方程”吧。

师：把“方程”两个字擦掉，就不知道今天我们是干什么的啦。

生：都不擦！都不擦！

师：好的，那就都不擦啦！（教师里笑声阵阵）

师：下课吧。

生：老师再见！

2. 品味分享

课堂回顾总结，是每节课教学必不可少的环节。黄老师的课堂回头看超凡脱俗。让我们和学生一起虽然是听课到最后，却依然保持着“初心”。他把普通的“擦黑板”这一再家常不过的场景竟演绎得如此风味独特，令我们不禁由衷叹服：“黄老师真的是‘神’啦！”

品味黄老师的课，享受在内心；赏析黄老师的课，自愧在笔头。我真的惭愧于自己的词不达意，更愧于对黄老师教学艺术的品鉴能力还很肤浅。所以只能是以平凡人的平常心来看黄老师的“平常课”——家常饭菜，简单节俭，好吃又有营养；家常日子，简约智慧，开心又有滋味！

教学智慧　尽在曲线弧度中

——朱国荣老师“圆的复习”教学艺术赏析

听朱国荣老师的课，就像品一杯茶，淡淡之中回味着清香；又像品一杯酒，浓浓之中回味着醇香。“圆的复习”一课正如一杯茶淡淡，又如一杯酒浓浓。淡淡在它的简约，浓浓在它的厚重。简约在借助一张普通的白纸，厚重在研究了有关圆的所有问题。简约之中蕴厚重的课堂带给了我们淡香之后是浓香的美妙享受，带给我们如此享受的，正是朱老师深厚的底蕴和不寻常的智慧。

复习课，是很多教师平时草草应付，做大课望而生畏、不敢涉足的“严寒地带”。朱老师却选择了它，并在“千课万人”中精彩演绎了它，足见他作为大家的勇气、大气和豪气。正如会议主持人所言：“他凭借自己的底蕴和智慧为我们呈现了一节复习课的样板课，厚重有分量。”

一、简单的任务，不简单的思考

回忆并梳理学生学过的相关知识，这是复习课教学的一个重要环节。与众不同的是，朱老师在这个环节中没有“打乒乓球”式的问答：“什么是圆的半径？”“什么是圆的直径？”“怎样计算圆的周长？”“怎样计算圆的面积？”……而是给每个学生提供一张白纸，纸上有画好的圆和任务：“这是一个怎样的圆？如果让你介绍它，你会量什么？怎样量？算什么？怎么算？”在这样的任务驱动下，学生会通过独立思考，自觉主动地唤起头脑中对圆的已有认知，在交流中积极主动地对所学知识进行系统的梳理。朱老师把这一环节的主动权放手给了学生，这是对学生已有知识基础的尊重，也是对学生主体的尊重，超凡脱俗，匠心独运。看似简单的任务背后是学生不简单的思考。

二、简单的问题和不简单的挑战

“可以毫不夸张地说，设计出一个好的数学问题就能彰显一节数学课的生命活力。而我认为，富有挑战性是一个数学好问题的应有特质。”朱老师是这样说的，也是这样做的。在知识的应用环节，他精心设计了太极图问题，既简单又富有挑战性，跳出了传统“就题练题”的教学模式，达到了“一题多能”的良好效果。

1. 在比较中发现

在展示标准的太极图和变化的太极图后，朱老师把问题抛给了学生：“比较两幅图，你发现了什么？”在问题驱动下，学生主动想到了要对比阴影部分的面积和周长，这为教师的顺学而导做了有价值的铺垫。

①

标准的太极图

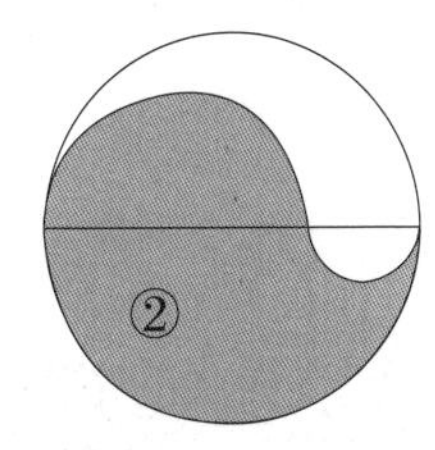

变化的太极图

2. 在比较中应用

在学生发现“图②阴影比图①阴影的面积大”“图①阴影和图②阴影的周

长一样长”的基础上，朱老师接着抛出问题：“要想知道图②阴影比图①阴影面积大多少，怎么解决？为什么图①阴影和图②阴影的周长一样长？”促使学生通过计算面积和周长进行比较，让学生在解决具体的问题中对圆的周长和面积的计算进行了有效的巩固和灵活的应用。

3. 在比较中感悟

在对二者的周长和面积进行对比后，朱老师抛出了第三个问题：“如果让你也创造出一个太极，面积更大一些，你会怎么画？”通过学生的思考和教师的演示，学生在比较中感悟到了“圆其实是一个特殊的太极”。学生在感悟数学极限思想的同时也感受到了数学的神奇和魅力。

三、简单的素材，不简单的价值

学生手中的练习纸（长 21 cm、宽 12 cm），在大家眼中再普通不过，但朱老师在课堂中却演绎出了它的魔力：

“在这张长方形纸内能画多少个直径 6 cm 的圆？”——学生需要量一量长方形的长、宽与圆的直径，然后才能计算。

“如果画一个最大的圆，能画多大？”——让学生思考圆的直径就是长方形的宽。

“如果要画两个最大的圆，长方形的长应该变成多少？”——引发学生更灵活地思考。

“大小两圆之间有什么关系？”——引发学生更深入地思考。

就这样，普通的白纸在朱老师层层推进的问题情境中发挥了它不寻常的价值，令人由衷叹服。

全新的观察视角　别样的精彩课堂

——郑桂元老师“观察的范围”教学艺术赏析

“观察的范围”是北师大版教材的教学内容（教材编排如下）。全新的教学内容加上郑老师全新的教学演绎，带给我们的是全新的体验和感受。

观察的范围

小猴在树上A处时，看到墙内离墙最近的点为A′。请你分别画出小猴爬到B处和C处时，看到墙内离墙最近的点B′和C′。

客车行驶到位置①时：司机能够看到建筑物B的一部分，客车行驶到位置②时，司机还能看到建筑物B吗？为什么？

生活中还有哪些类似的现象？与同伴说一说。

34

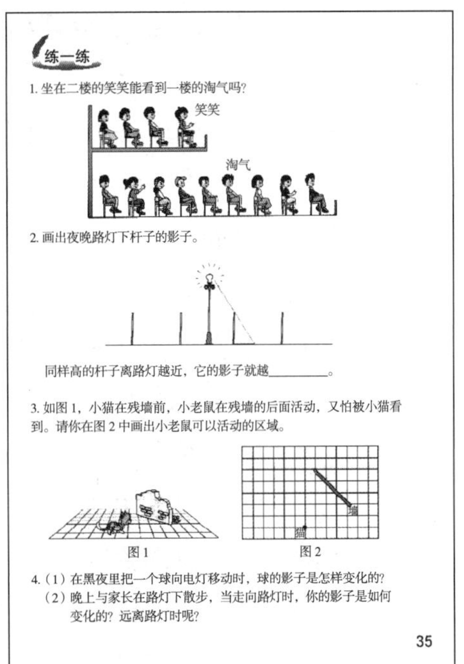

练一练

1. 坐在二楼的笑笑能看到一楼的淘气吗？

2. 画出夜晚路灯下杆子的影子。

同样高的杆子离路灯越近，它的影子就越______。

3. 如图1，小猫在残墙前，小老鼠在残墙的后面活动，又怕被小猫看到。请你在图2中画出小老鼠可以活动的区域。

图1　　图2

4.（1）在黑夜里把一个球向电灯移动时，球的影子是怎样变化的？

（2）晚上与家长在路灯下散步，当走向路灯时，你的影子是如何变化的？远离路灯时呢？

35

与一般学习的“观察物体（三视图）”不同，这部分知识由观察视角的更新引出了“观察物体”相关教学内容的崭新话题。郑老师用新的视角观察教材，观察学生，思考教学，他的观察做到了立足数学小课堂，放眼生活大课堂。

一、放眼数学——体验本真的数学学习

一堂好的数学课，应该弥漫着浓浓的“数学味儿”。追求数学教学的原生态，牢牢把握数学教学的本质和内涵，也就抓住了数学教学的魂。郑老师的课首先做到了这一点。

1. 把握数学教学的重点

“经历分别将眼睛、视线与观察的范围抽象为点、线、区域的过程，感受观察范围随观察点、观察视角的变化而变化，发展学生的空间观念”，是本节课的教学重点。郑老师的整个课堂教学都在围绕这一重点来展开。一个个生动有趣的情境背后是师生们有价值的数学思考和发现：先看观察点，再找阻碍点，连接

这两点，确定范围；观察点和阻碍点的位置关系会影响观察范围的大小等。

2. 关注数学学习的过程

《义务教育数学课程标准（2011版）》中指出："学生学习应当是一个生动活泼的、主动的和富有个性的过程……教师要引导学生独立思考、主动探索、合作交流，使学生理解和掌握基本的数学知识与技能、数学思想和方法，得到必要的数学思维训练，获得基本的数学活动经验。"郑老师在课堂上为学生提供了充分的时间和空间进行数学活动，鼓励学生"猜一猜""画一画""比一比""想一想""说一说"，亲历数学学习发现问题、提出问题、分析问题、解决问题的真实过程，感悟数学学习的基本方法和经验。

3. 培养学生的数学能力

"能利用所学的知识解释生活中的一些现象，发展学生的抽象能力和解决问题的能力"是本节课教学要达到的另一目标。面对一个个情境，郑老师都会进行有价值的引导："'欲穷千里目，更上一层楼'是什么意思？你能从数学的角度来解释其中的道理吗？""你能从数学的角度来解释日食形成的原因吗？""如果你是Tom，你希望自己的位置怎样变化？如果你是Jerry，你希望Tom的位置怎样变化？"这些课堂行为较好地培养了学生用数学眼光分析和解决问题的能力，使学生深刻体会到了数学的应用价值。

二、放眼生活——感受浓郁的数学气息

数学与生活密不可分的联系在本节课中体现得尤为突出。"小猴望桃子""变化的楼房""有趣的影子""猫和老鼠""神奇的日食"等都来源于学生的现实生活。引导学生放眼生活并赋予生活以数学化的思考，会让他们感受到生活中处处都在散发着浓郁的数学气息，数学与生活竟是如此的完美统一。

三、放眼人生——感悟深厚的数学情怀

正如特级教师朱乐平对本节课的评价："如果说'观察点和阻碍点的位置关系会影响观察范围的大小'是引领本节课的明线的话，那么'站得高，看得远'

的人生哲理就是贯穿全课的暗线。”显然，郑老师的教学站在了一定的高度，自然他就看得更远。从“一叶障目，不见泰山”到“欲穷千里目，更上一层楼”到“汽车后退，Tom 后退，观察的视野就会更开阔”再到“日食现象给了你哪些启示？”教师在引导学生数学思考的同时，也在润物无声地引领学生感悟做人做事的道理，感悟数学知识背后蕴含着的深厚的“数学情怀”和深邃的人生哲理。

问题，让学习发生

——贠昳琳老师“一笔画”教学艺术赏析

20 世纪 90 年代，我所任教的许昌实验小学就已经开发并实施了自己的校本课程。数学学科低年级的主题是“数学游戏”，中、高年级是“趣味数学”。我们不仅编写了相应的教材，而且还把校本课程排进了课表。每学期学校都要开展相应的专题研讨活动，“一笔画”课程就是其中的一个内容。

课改以来，为了更好地落实新课标的理念，我们结合国家课程，对过去的校本课程进行了进一步的修订和完善。其中修订后的人教版数学六年级下册第 104 页“你知道吗？”这一版块中，给学生介绍了相关的“七桥问题”（如图）。

◎你知道吗？◎

七桥问题

18 世纪东普鲁士的哥尼斯堡城，有一条河穿过，河上有两个小岛，有七座桥把两个岛与河岸联系起来（如右图）。有人提出一个问题：一个步行者怎样才能不重复、不遗漏地一次走完七座桥，最后回到出发点。后来大数学家欧拉把它转化成一个几何问题（如右图）——“一笔画”问题。

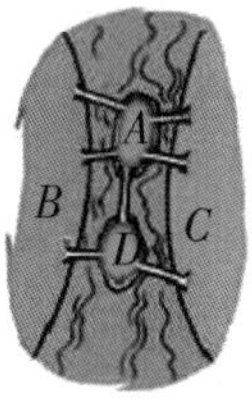

A B C D

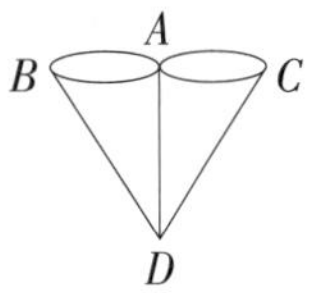

A B C D

而这一素材正好与校本课程中的“一笔画”相关联。于是，我们就把这两级课程进行了整合，对“一笔画”课程进行了重新的设计和教授。力求通过校本课程的开发，使国家课程的内涵和外延得以扩展和延伸，开阔学生的视野，增强学生的底蕴，让学生在浓浓的数学情趣中，受到数学文化的熏陶，感受到数学的魅力和价值。

因为本节课要代表河南参加《小学教学》编辑部举办的“第二届全国小学魅力课堂教学大赛暨第四届名师大课堂”教学观摩活动，我和团队的老师们一起，参与了贠老师磨课的全过程。我不由得为许昌实验小学积极开发校本课程，积极落实课标理念的精神点赞！也为数学团队积极探索和实践新型数学课的精神点赞！

本节课以著名特级教师黄爱华老师的“大问题教学”理念为指导。在设计和执教的过程中我感受最深刻的是“问题”引领教学的魅力——问题让学习真实自然地发生。

学起于思，而思源于疑，有疑问才能激发学生去探索。新修订的课程标准特别增加了“四能”——即培养学生发现问题、提出问题、分析问题和解决问题的能力。所以，本节课问题引领整个教学过程。通过引导学生“疑中生问”“探中追问”“学中解问”“拓中再问”，较好地培养了学生的问题意识和解决问题的能力。

一、疑中生问

课始，教师先由“七桥问题”引出“一笔画”。

师：同学们，今天这节课我们要从一个数学故事开始：

故事发生在18世纪的哥尼斯堡城。那里风景优美，游人众多，城中有一条河流穿过，河上有两个小岛，有七座桥把两个岛与河岸连接起来（如图）。人们经常从桥上走过。不知从什么时候起，一个有趣的问题在居民中传开了：“一个步行者能不能不重复、不遗漏地一次走完七座桥呢？”这就是著名的“七桥问题”。

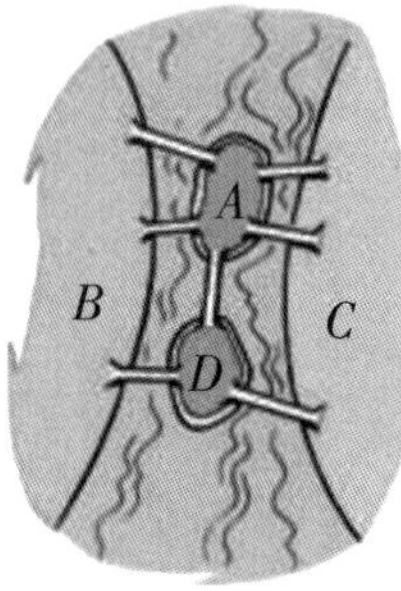

A B C D

问题提出后人们纷纷进行试验，但都无功而返。后来几个大学生写信给当时公认的天才数学家欧拉，请他帮忙。欧拉经过一年多的研究终于解决了这个难题。

你们知道欧拉是用什么方法，又是怎样解决这个难题的吗？

师：欧拉用“一笔画”的知识解决了这个难题。今天就

让我们共同来研究有趣的“一笔画”问题。（板书课题：一笔画）

面对“一笔画”，学生此刻有疑要问，教师就及时给学生提供发问的机会：

师：看到“一笔画”，你有什么问题要问？或者你想了解关于它的哪些知识？

生：什么是“一笔画”？

生：怎么画“一笔画”？

生：“一笔画”在生活中有什么用？

生：欧拉是怎样用“一笔画”的知识解决“七桥问题”的？

…………

这些问题由学生自然发问，学习活动便自然发生。

二、探中追问

数学学习的过程，就是不断产生问题的过程。随着探究活动的深入，学生的问题也会更有针对性。所以，在教学的过程中，教师要引领学生学会“追问”。

“奇点”和“偶点”对学生来讲是两个陌生的数学概念，因其数量的多少直接与“一笔画”蕴含的规律有重要关系，所以，教学时必须让学生知道它们的意义。

设计教学时，教师有意把两个概念提前打印在了学生的作业纸上：

作业纸

一笔画	奇点个数	偶点个数

学生在画一笔画时提前就能看得到，自然就会产生新的疑问：

“什么是奇点？什么是偶点？”

“为什么要找奇点个数和偶点个数？”

…………

这些真实的问题让学习再次发生。

在学生了解奇点、偶点的意义——如果从一个点引出的线有奇数（偶数）条，这个点就叫奇点（偶点），并找出所画的“一笔画”中的奇点个数与偶点个数后，教师告诉学生二者其一有规律。此刻，学生再次追问：

“是谁的个数有规律？”

“有什么规律呢？”

学生的学习在不断的追问中走向深刻，学生通过数据共同发现“一笔画”中奇点的个数中存在的规律（奇点个数为 0 或 2）。

三、学中解问

发现并提出问题是学习的前提，而分析和解决问题则是学习的最终目的。学生认识了“一笔画”，知道了它蕴含的规律，这些只是学到的知识。而知识转化成能力，则需要通过具体的问题解决来实现。

教学中，教师设计了几个有价值的问题让学生尝试来分析并解决：

1. 你能沿着一条路线游完游乐场的每个游乐项目吗？

2. 司机师傅能沿着一条路线既不重复也不遗漏地给每一条街道洒完水吗？

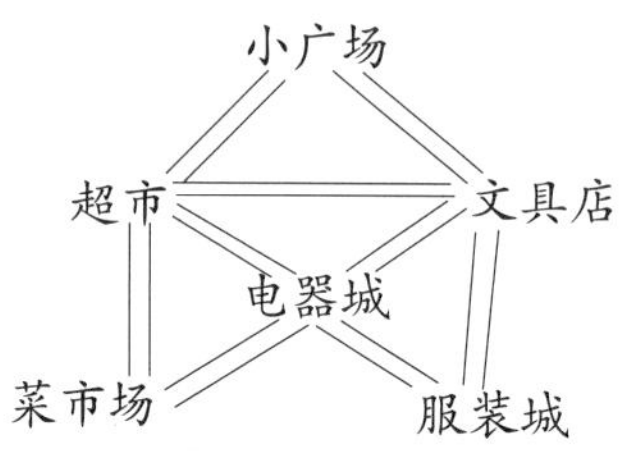

3. 欧拉是怎么用“一笔画”的知识来解决“七桥问题”的?

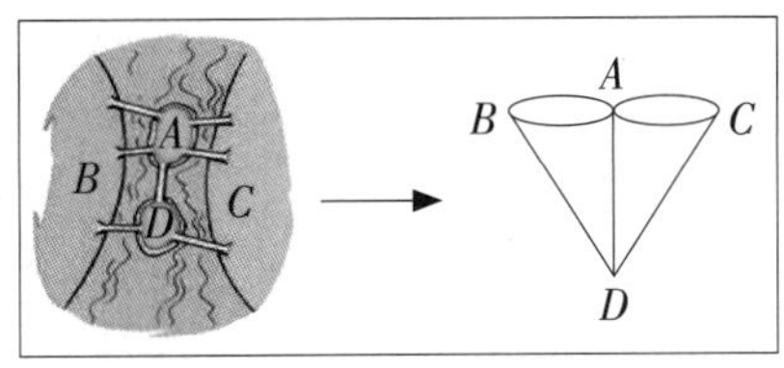

4. “八桥问题”跟“七桥问题”比，会不会有不同的答案呢?

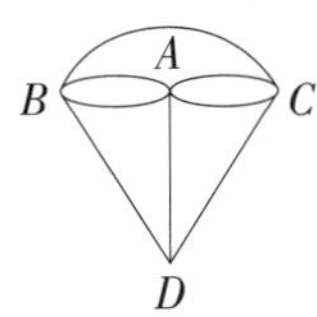

随着这些问题的逐一解决，学生的能力得到了进一步的提升。

四、拓展再问

“一笔画”中的知识点涵盖有许多，本节课只是对它最初步的认识和了解。所以，在课程结束时，教师有意进行拓展：“看来，‘八桥问题’能解决岛上居民的问题。如果你是这个岛上的居民，沿着这样的一条路线走，你准备从哪儿开始走起？又打算怎么走呢？”

这个问题涉及了“一笔画”中“起点如何选择”的问题。此刻，教学虽然结束，但学生对“一笔画”的探索并没有结束。我们相信，新的问题会让学生新的学习探索活动继续发生……

厚积反思

关于反思和提升，我在本书“厚练功底”一节中已经比较详细地介绍了自己的学习感悟和具体做法。在本节中，我将再为大家呈现九篇省级以上获奖或发表的文章，内容分别涉及对课标理念的学习与贯彻，对教材、教法的研究与探索，对学生能力、习惯的关注与培养，对命题工作的探索与反思，对教师专业素养提升的思考和建议，对现实生活的观察和感悟，对教研工作的思考与体悟，等等。

让“厚重课堂”弥漫浓浓的“数学味儿”

数学是研究客观世界中数量关系和空间形式的科学。曾几何时，数学以它冰冷的面孔呈现在人们面前，令无数学生望而生畏。新课程的实施，架起了学生“知识世界”与“生活世界”的桥梁。数学展现在学生面前的是一个五彩缤纷的世界：它贴近生活，富有情感，生动有趣，富有活力……学生沐浴着新课程带来的清新的生活气息，尽情地享受着精彩纷呈的生活数学，同时也在用生活的眼光观察和分析着数学问题。

“怎么能这样烙饼呢？”

问题：用一只平底锅烙饼，每次最多能同时放两张饼，正反两面都要烙，烙熟一面需要3分钟，烙3张饼最少需要几分钟？

学生质疑：如果把第2张饼烙熟一面后先拿出来放3分钟，不就放凉了吗？实际生活中能这样烙饼吗？

“锅不是已经洗好了吗？”

问题：小红帮奶奶做一碗面，买面条5分钟，切葱花2分钟，洗锅4分钟，烧开水9分钟，把面条煮熟3分钟。为了尽快让奶奶吃到面条，最少需要多长时间？

学生质疑：每顿饭后都要刷锅洗碗，锅不是已经洗好了吗？再做饭时还用洗吗？

“树坑不是也有宽度吗？”

问题：在一条路的一旁植树（起点和终点都植），每隔10米植一棵，共植了151棵。这条路有多长？

学生质疑：我认为这条路的长度应该是超过1500米的，因为树坑本身不是也有宽度吗？

“不邀请司机叔叔参观吗？”

问题：李老师带领20名学生包车参观科技展，每张门票20元，买门票要花多少钱？

学生质疑：司机叔叔带学生去，难道不邀请他一起参观吗？

…………

出乎我们意料的是，上述“质疑声”不是来自后进学生，而是来自中高年级的成绩较好的学生。这不能不引发我们深思：我们的课堂在“矫枉”的过程中是否又出现了“过正”？“生活味儿”充裕了我们的课堂，充盈了学生的大脑，它在帮助学生学习的同时是否也在悄悄地干扰着学生的思维？学生用生活的眼光去关注非数学本质的东西该怎么办？我们中高年级的数学教学该有如何的导向？

著名专家张奠宙教授曾经提出要“小心教学的去数学化趋势”，去数学化倾向将会危及数学教育的生命。数学的本质是一种抽象，一种模型。正如每个孩子都有自己的个性一样，数学也是极具个性的。严密的逻辑使它精确，高度的抽象使它深邃，广泛的应用使它美丽。数学教育中要让数学的个性得到充分的张扬。我们在数学教学时，既要明确反对数学教育完全脱离学生的生活实际，同时又要防止以“生活味儿”取代数学教学所该有的“数学味儿”。因此，成就新课程理念下的厚重数学课堂，让课堂弥漫起浓浓的“数学味儿”，应该是每个数学教育工作者目前应该冷静思考并不断探索的课题。在教学和科研过程中，我对这一课题深入探究，总结出了有效的教学方式。

一、抓住数学概念的本质教学

抓住数学概念的本质教学是数学教育的永恒话题。概念如同数学的基本细胞，相关概念之间形成“网络”就构成了数学的基本内容。小学数学中概念是数学大厦的基石。教学中，给数学基本概念以核心地位，使学生领悟概念的本质内涵，这是实现有效教学的根本。

“循环小数”的教学，很多教师都是以“从前有座山，山里有个庙……”这一情境引入，然后又引导学生找出生活中诸多的“循环”现象，最后才走进数学，带领学生学习“循环小数”的知识。我认为，作为五年级的学生，生活中的那些“依次不断重复出现”的现象是很容易理解的，在此花时间是没有必要的，我们还是要紧紧抓住数学概念本质的内容展开教学。首先联系学生刚刚学过的小数除法让学生分组练习计算：$15 \div 16 =$（0.9357），$28 \div 18 =$（1.555…），$78.6 \div 11 =$（7.14545…），$25 \div 1.7 =$（14.705882…）。在交流反馈的基础上组织学生观察讨论：两数相除得到的小数商出现了哪些情况？都有什么特点？如何给它们分类？在学生自主学习的基础上，老师先引出“有限小数”和“无限小数”的概念和意义，再重点组织学生观察两类“无限小数”的本质区别，从而自然地引出“循环小数”的概念和意义。这样教学，既是从学生的已有数学基础出发，又建构了新的数学知识体系，更重要的是在新的体系中紧紧地抓住了数学概念的本质和内涵进行了教学。这样的数学课程才是真正有效的。

二、沟通数学知识间的内在联系

教育心理学研究表明：当教学遵循了知识本身的序列，由浅入深、由简单到复杂，循序渐进地进行时，学生便容易获得系统的知识，形成合理的知识结构。“数学知识是一幅立体的、有主有从的、活动的、延伸的、丰富多彩的美丽图画。”教师要善于和学生一起把孤立静止的数学知识联系起来、活跃起来，共同编织这幅美丽的数学画卷，并在编织的过程中获得新的感受和提升。

“体积单位间的进率”一课是一节大家公认的“没啥可讲”的课，也是所谓的“不好上”的课。怎样上出新意？上出特色？上出“数学味儿”？我认为，作为小学数学，尤其是中高年级的数学教学，教师应充分利用学生已有的知识搭台设架，为新知的学习提供有益的数学环境，引导学生在数学环境中用数学学数学，让学生感悟数学自身的魅力，让课堂回归为常态下真实的数学教学过程。这是新课程所提倡的，也是本节课教学所追求的目标和效果。

下面是本节课教学过程中构建的板书和解读：

			单位	进率
棱	长度	1 m	米 ——→ 分米 ——→ 厘米 （m） 10 （dm） 10 （cm）	10
表面	面积	1 m × 1 m	平方米 ——→ 平方分米 ——→ 平方厘米 （m^2） 100 （dm^2） 100 （cm^2） $1\ m^2 = 1\ m \times 1\ m$ $= 10\ dm \times 10\ dm$ $= 100\ dm^2$	100
空间	体积	1 m × 1 m × 1 m	立方米 ——→ 立方分米 ——→ 立方厘米 （m^3） 1000 （dm^3） 1000 （cm^3） $1\ m^3 = 1\ m \times 1\ m \times 1\ m$ $= 10\ dm \times 10\ dm \times 10\ dm$ $= 1000\ dm^3$	1000

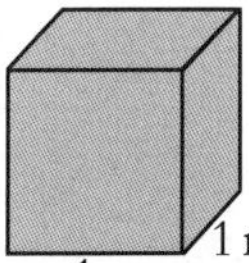

“体积单位间的进率”，是学习过体积和体积单位的后续学习内容，同时也是继续学习体积（容积）的计算和换算的必备基础。单就小学阶段有关“几何知识单位”这一“知识链”来讲，它又属于“链”的尾部。教学时，我紧抓其所处的“知识链”，从“链”入手设计教学。作为一条链尾部的一颗珠子，它的出现离不开前面的每一颗。因此，教学时，我利用了较多的时间，花费了较大的精力引导学生回忆、复习相关的知识：长度、面积、体积的意义及其相应的单位，长度单位、面积单位间的进率。而这些知识恰恰就是学习体积单位间进率的基础。为了更好地突破教学难点，我又引导学生进一步理解面积单位（平方米）和体积单位（立方米）的含义，从知识的纵向联系中引导学生感悟知识发展，同时巧妙地为新知识的学习埋下伏笔。接着从知识的横向联系入手，以“1 平方米＝100 平方分米”的推理过程为例，充分为“1 立方米＝1000 立方分米”做铺垫。在看似浪费了大量时间的“旧知搭建”中，新知的学习就达到了水到渠成的效果。

三、培养学生良好的数学思考

数学教学是数学思维活动的教学。吴正宪老师认为：培养学生的数学思维方式比呈现数学知识本身更重要；让学生体会用数学方式来处理问题的好处，比仅仅得出正确的结论更重要；让学生学会数学的方法比拥有数学知识更重要。在教学中，教师不应只关注知识和技能，更应关注学生的数学思考，还要善于引导学生在观察、实验、猜测、验证、推理与交流的数学活动中，让学生真正经历“数学化”，获得数学学习的思想和方法，培养良好的思维品质，形成良好的数学素养。下面以“斐波那契数列”的教学片段为例和大家共同感受：

师：同学们，上下楼梯是大家每天都要经历的事情。你们知道吗？这里面也蕴含着重要且有趣的数学问题呢！下面，我们就以上楼梯为例，来解决一个有关的数学问题：“有一段楼梯有 10 级台阶，规定每一步只能跨一级或两级。要登上第 10 级台阶有几种不同的走法？”

师：你们先猜一猜，要登上第 10 级台阶会有多少种不同的走法？

生：4 种（10 种、36 种……）

师：这只是我们的猜测而已。请同学们想想看，要一下子找出从第1级到第10级台阶的所有走法，你们感觉怎么样？有什么好办法吗？

生：可以先把台阶数减少一些，比如先看看从第1级到第5级台阶有多少种走法，再慢慢增加。

师：是啊，这个同学告诉了我们一种重要的研究问题的方法，那就是，对一些直接研究起来难度大的问题，我们要学会从一些小的数据入手，要学会把复杂问题变得简单化。下面咱们就沿着这样的方法和思路来慢慢研究，看有什么新发现！

（课件出示表格）

台阶数	1	2	3	4	5	6	7	8	9	10
走法（种）										

师：只登上第1级台阶有几种走法？（1种）

师：登上第2级台阶有几种走法？（2种）

师：登上第3级台阶呢？（3种）怎么想的？

师：大家的意见非常一致，思路也非常清晰！我们继续增加问题的难度：

登上第4级台阶共有几种走法？

生1：4种。

生2：5种。

（学生之间产生了争执）

生1：因为前面到第1级、第2级、第3级台阶的走法分别是1种、2种、3种，所以到第4级台阶，我推出应该是4种。（大部分同学应和表示支持，说明多数同学都是这样想的）

师：有这种想法的同学很不简单！因为在他们的内心深处，已经悄悄地找到了更好的解决问题的方法——借助已经有的学习经验来判断。比如这个问题，他们就由登上前3级台阶的走法中发现了存在的“规律”，然后借助规律来推理。

生2：这样推理不对！我把情况一种一种地列举出来了，是5种。（个别同学

支持）

师：这个同学是一一列举出答案的，说不定他的答案更有说服力！（大部分学生开始埋头在本子上列举）

师：好吧，我们先不看他列举的各种走法是怎样的，你们都亲自动手找找看，再跟小组同学交流交流。

老师巡视并收集不同的列举方法在黑板上展示。

师：结果怎么样？到底有几种走法？

生（异口同声）：5 种！（答案是“4 种”的学生也都改变了自己的答案）

师：看来，真理有的时候就掌握在少数人手里！我们真的应该感谢刚才的少数学生们！正是他们的提醒，让我们意识到了，解决这个问题还不能匆忙地进行推理和判断。换句话说，刚才大家发现的所谓“规律”在这里其实是不成立的，是吗？

生：是！

师：我们所发现的规律在这个问题中不成立，是不是就说明这个问题中就不存在什么规律呢？

生：不一定。说不准还有别的规律呢！

师：我很欣赏你的观点！我们还是在学习中来发现吧。（师生交流不同列举方法）

师：继续来研究，如果登上第 5 级台阶呢？走法是不是会更多？

师：怎么办？是一一列举找答案，还是依据经验来判断？

受刚才学习的影响，大部分学生表示采用一一列举法找答案，并立即开始了操作。

师：大家很会吸取刚才的教训，还是亲自找找更可靠。看来，学习的过程就是同学们不断成长的过程啊！我支持你们，先找找看吧。

老师耐心地等待学生。其间有一两个学生举手示意有好方法，老师与他们悄悄对话，不打扰多数学生。

经过长时间的等待后，师问：有多少种走法？

生 1：有 7 种。

生 2：有 8 种。

生 3：有 9 种。

师：奇怪了，怎么出现不同答案了？难道一一列举的方法也出问题了？请获得不同答案的学生分别进行展示。

师：通过刚才的观察，你们发现了吗？在列举的过程中，又遇到了什么问题？有什么感受？

生：方法多了，就不好列举了。

生：不是重复，就是漏掉了。

师：看来，问题难了，方法多了，列举起来也真够不容易的。我们现在研究登上第 5 级台阶就要列举出 8 种方法，如果登上第 10 级呢？

师：愿意继续列举下去吗？

生（大部分面露难色）：不愿意。

师：其实，刚才大家在埋头列举的时候，有几个同学却没有这样做，他们已经有了新发现并且悄悄地告诉了我，你们想知道吗？

生（非常激动和兴奋）：想！

师：这次啊，掌握在少数人手中的，还真不知道是不是真理呢。你们可要认真辨别哟。（出示课件学习过程中随机生成的表格）

台阶数	1	2	3	4	5	6	7	8	9	10
走法	1	2	3	5	8					

生：我是根据登上前 4 级台阶的方法发现了其中的规律，然后根据规律推理出登上第 5 级台阶有 8 种走法。

师：具体说说看。

生：从表中看，登上第 3 级的走法是第 1、2 级走法的和，第 4 级的走法正好是第 2、3 级走法的和。照这样的规律，登上第 5 级台阶的走法就应该是第 3、4 级台阶走法的和，也就是 3+5，8 种了。

生（恍然大悟）：哦！

师：从同学们的表情看，你们认可了他的想法，是吗？

生（不住点头）：是！

师：看来，这节课中，真理再次掌握在了少数同学手中。这是为什么呢？

生：问题简单的时候，要多动手试一试，问题复杂的时候，就不能再盲目了，要试着找找看有没有规律。

师：刚才，研究登上第4级台阶的问题时，大多数同学不也是试着找规律了吗？

生：那个时候，数据少，找规律还有点早，发现的规律还不太正确。

师：你们从他们身上能学到些什么呢？

生：他们解决问题的方法很灵活！

生：要学会听取他人的想法，哪怕是少数同学的意见，都会对自己有启发。

生：也不能盲目相信别人，还要自己会思考，会发现。

…………

四、感受数学的神奇和魅力

克莱因说："数学是人类最高超的智力成就，也是人类最独特的智力创作。音乐能激发或抚慰情怀，绘画能使人赏心悦目，诗歌能动人心弦，哲学使人获得智慧，科技可改善物质生活，但数学却能体现以上这一切。"这就是数学的力量和魅力。作为数学教师，我们的课堂不仅仅是引导学生建构数学知识的过程，也是培养学生感受、鉴赏、创造数学美的过程，更是陶冶学生数学情操，培养学生良好的数学思维，促进学生健全人格发展的过程。

仍以"斐波那契数列"的教学片段为例接上叙谈：

师：有了新的收获，相信下面越来越难的问题对我们来说就会变得怎么样了？

生：根本不是难题了。

师：登上第6级台阶有几种不同走法呢？

生：有13种，5+8＝13，是第4、5级走法的和。

师：登上第 7 级、8 级、9 级呢？

生：……

师：登上第 10 级呢？

生：89 种。

师：和我们最初的猜测有出入吗？想到有这么多种走法了吗？

生：这么多种走法，根本没有想到。

生：如果用列举的方法，难度不可想象啊！

师：是啊，为什么这么难的问题，我们却又很简单地就解决了呢？

生：是我们发现了其中的规律，并且利用了规律。

师：遇到复杂问题，要先从简单中发现规律，然后再利用规律解决问题，这样，再难的问题也会变得简单。数学的学习就是这样的过程。数学就有这样的魅力！你们感受并体会到了吗？

…………

关注“数学味儿”，并不等于走回头路。数学与生活的联系是不可割裂的。数学课堂需要生活去激活，生活问题需要数学去提升和解决。“生活味儿”和“数学味儿”的有机融合才是新课程理念下数学课堂应该弥漫的“主流味儿”。我们在数学教学中，应该把握好这一“主流味儿”的“浓度”和“比度”，让数学课堂不因没有“生活味儿”而枯燥，不因缺少“数学味儿”而空洞。

走进学生，从课前交流开始

学生是教学的对象，抓住了学生，也就抓住了教学的生命。吴正宪老师说过：学生就是教师的全部。课堂上，教师的眼中应该全是孩子。只有真心对待孩子，真诚与儿童交朋友，才能真正走进他们的内心世界，才能赢得他们的信赖和尊重。儿童才能“爱其学而亲其师，乐其友而信其道”。要让学生立于课堂的正中央，教师先要真正走进学生的内心中。

课前交流是教师走进学生的开始。教师通过交流建立良好的师生关系，营造和谐的课堂氛围，让学生放下包袱，消除紧张，敞开心扉，身心放松地走进课堂。同时，有效的课前交流还能及时地渗透学法指导，培养学生的学习能力，让学生学有方向，学有目标，学有方法。

下面，通过几个案例和大家分享自己在这方面的学习、思考和尝试。

一、"学问一词还可以怎样理解？"

问题是数学的心脏，问题让学习发生。2011 版数学课程标准在教学目标中特别提出："增强发现和提出问题的能力、分析和解决问题的能力。"我认为，"发现和提出问题的能力"的培养目标要落实在问上，"分析和解决问题的能力"的目标则要落实在学上。数学教学中，教师要围绕"是什?""为什么""有什么用"等核心问题培养学生的问题意识，通过核心问题引领学习活动真正发生，让学生在问中学，在学中问，使学和问有机地交融在一起，真正发挥学生的主体作用，有效培养学生的学习能力。

因此，借班上课时，我经常会围绕"学问"一词和学生进行这样的课前交流：

师：同学们，你们年级一共有几个班？这么多班级，为什么就选了你们班来这里上课？

生：我们班最优秀！（学生充满自信）

师：那你们猜，会场这么多老师，为什么张老师走进了咱们的课堂？

生：张老师也很优秀！（笑声）

师：在你们心中，一个优秀老师应该是什么样的？你们尽管提出要求，我和老师们努力去做。

生：知识渊博；风趣幽默；和蔼可亲……

师：同学们排在第一位的要求是知识渊博，其实就是要求老师要有学问，是吗？

生：是！

师：学问这个词，除了它的本意，在数学学习中，我们还可以赋予它什么新的理解？

生：要学要问，有学有问，勤学好问，能学能问……

师：大家的理解可真有价值！我们在学习中，不仅要做到勤学好问，还要做到会学会问！

师：上课之前，我们先来试试，看哪些同学是好问又会问的好孩子。张老师刚刚走进咱们的课堂，面对一个新老师，你们有问题要问吗？

生：您叫什么名字？

生：您从哪里来？

师：真会提问题！是啊，了解一个人，这些都是很自然要想到的问题。

生：您几岁了？（笑声）

师：大家为什么笑了？这个问题有问题吗？

生：年龄是女生的隐私，在这里问不合适。（笑声）

师：你的生活经验可真丰富！除了年龄问题，还有什么问题也是女生的隐私？

生：体重。（笑声）

师：看来，这些问题不太适合在这样的场合提出，我们就尽量避免。

师：不过，如果真想知道老师的年龄，刚才这个同学的问法有问题吗？

生：不能问“您几岁了”，这样就把老师当成小孩子了。

师：那换成“您高寿”行吗？

生：不行！不行！又把老师问老了。

师：怎么问才更合适？

生：应该问“老师，您多大年龄了”。

师：是啊，在什么样的场合，提出什么样的问题是有讲究的；面对不同的对象，同一个问题选择什么样的问法也是有讲究的。看来，我们不仅要好问，还真的要会问啊。

光一个问就有这么多的学问，那具体到我们的数学学习中，学也是要讲方法和艺术的。

数学学习中，我们常常是先有疑而产生问，然后围绕问来展开学，随着学的不断深入，我们可能又会产生新的问，展开新的学……这真的是一个非常美妙的学习历程，我们会从中收获很多的学问。

下面，就让我们走进课堂，一起尝试做有学问的人吧。

二、“其实，每个同学都有一部专配的小电脑！”

学生对学过的知识要善于分类整理，形成清晰的知识脉络。在解决新问题的过程中，教师要注重同类新旧知识点的沟通和联系，引导学生借助已有经验解决新问题。这既是对学生学习方法的指导，也是对数学思想的有机渗透。如果教师在与学生交流中能巧妙地引领，智慧地渗透，就会达到润物无声的教学效果。

下面是“平行四边形的面积”一课的课前交流：

师：同学们，老师有一个问题想请你们实话实说，好吗？你们喜欢玩电脑吗？

生：喜欢！

师：随着社会的发展，电脑已经成了我们生活中不可缺少的伙伴了。除了沉迷于玩游戏不太好，电脑对你的学习和生活有什么积极的帮助？

生：能上网查阅课外资料，帮助我们学习更多的知识。

生：能在上面写文章、画画、听音乐。

生：能在里面保存资料。每次旅游回来，我爸爸都把照片存放在电脑里。

…………

师：是啊，电脑的作用的确很大。尤其是刚才大家说到它的储存功能我们都深有体会。每次活动的重要资料先建一个文件夹存进电脑，等需要的时候再取出来，非常方便。

师：大家知道吗？其实，每个同学都有一部专用的小电脑！这部小电脑你随身携带，随时开启，随时可以往里面存资料，也随时可以从中取资料。找找看，它在哪里？

生：在这里！（学生指自己的大脑）

师：现在，就请同学们闭上眼睛，启动你的小电脑吧。

师：打开之后，找找看，在某个地方是不是有一个属于你自己学习收获的文件夹？是以你的名字命名的，里面存的全是你学到的知识，找到了吗？把它打开，里面是不是又分学科建了一些小文件夹？语文的、数学的、音乐的、美术的……每一个文件夹中，都分类保存着各个学科学到的知识，是吗？今天是数学课，我们就把“数学文件夹”打开吧。我猜里面一定又建了不少的小文件夹，找找看：“数的认识”“四则运算”“平面图形”“立体图形”“数学广角”……

师：看来，同学们把学到的知识都分类整理并存放着，真是学习上的有心人！请同学们睁开眼睛。我们一起来回忆：当我们学习新知识的时候，你从小电脑存放的这些旧知识中搬过“救兵”吗？

生：搬过。在学习“小数乘法”时，就搬“整数乘法”来帮忙。

生：学习“小数除法”时也搬过“整数除法”。

师：是啊，我们每学到新知识，遇到新问题时，总是不经意地就从过去储存的同类旧知识中寻求“援助”，是旧知识“走出来”帮助我们解决新问题的。大家一定不要忘了它们的功劳啊！今天我们要学习的内容是“平行四边形的面积”（课件出示）。看到这个新的学习内容，你想从电脑中打开哪个小文件夹？得寻求谁的“援助”呢？

生：我觉得要打开“平面图形”文件夹，（老师出示小学阶段认识过的平面图形）准备寻求长方形和正方形的“援助”。

师：为什么？

生：因为我们学过长方形和正方形面积的计算，我觉得学习“平行四边形的面积”，它俩可能会帮上忙的。

师：同学们，学习数学时，有时直觉真的很重要！你们觉得长方形和正方形的面积算法可能会帮助学习平行四边形的面积，正方形属于特殊的长方形，所以我选择把长方形的面积算法先在黑板上记下来（板书：长方形的面积=长 × 宽）。究竟它对今天的学习有没有帮助？是不是我们要搬的“救兵”？让我们走进课堂，拭目以待吧！

三、“学而时习之，不亦说乎？”

复习课，是一种重要的课型，也是教学过程中不可或缺的重要环节。但在实际教学中，却常常遭到师生的反感和冷落。复习似乎成了“烫剩饭”和“多做题”的代名词。怎样改变复习课在孩子们心目中的印象，让他们真正认识到复习的意义，知道怎样开展有意义的复习，并在复习中生长出新的智慧，进而获得良好的情感体验，激发对复习的浓厚兴趣。这些都是摆在教师们面前的重要课题。

带着这样的思考，每次借班上复习课时，我都会和学生进行一番这样的课前交流：

师：同学们，今天我们要上一节复习课（板书：复习）。喜欢上复习课吗？

生：喜欢！（大部分，高声）

生：不喜欢。（少部分，低声）

师：为什么喜欢？

生 1：因为复习可以避免学过的知识被忘掉。

生 2：还可以把没掌握好的知识补上。

生 3：还能帮助我们考出好成绩。

师：看来，复习真的很重要。可我小的时候，和刚才的几个同学一样，不怎么喜欢上复习课。我请他们来说说，看我们不喜欢的原因是不是一样的。

生 1：复习的知识都是过去学过的，感觉像“烫剩饭”一样，没意思。

生 2：复习课上，总是让做很多题。

生 3：复习课不像新课，我会对新知识充满好奇。

师：我小时候真的也是这样的感觉。谢谢你们读懂了我。

师：可是，我们都知道，有一个伟大的教育家叫孔子，他呀，对复习有一种特殊情感，你们想知道吗？

生：想！

师：我们从《论语》中摘录两则他的话，大家一起来品味吧。（课件展示：“学而时习之，不亦说乎？”）

生：学问要经常温习，这不是很快乐的事情吗？

师：他为什么觉得这是一件很快乐的事情呢？我们继续看课件，这一句是“温故而知新，可以为师矣”。

生：复习旧知识时，又能知道新的知识，就可以做老师了。

师：是啊，这两则语录中，孔子告诉我们：学习的过程中，要经常地温习学过的知识，这样既能查漏补缺，又能在这个过程中通过不断思考、提升，获得新的发现和领悟，增长新的智慧和本领，甚至还能做“小老师”呢！有了这样的进步，我们就会对复习充满兴趣，趣而生悦，就会感觉到复习真的是很快乐的事情了。今天，我们就走进复习课，在复习中试着也找找这种美好的体验和感受！

良好的开端是成功的一半。好的课前交流是教师轻松走进学生的绿色通道，也是顺利开展课堂教学的重要渠道。请老师们重视并做好课前交流。

习惯，让学习更自然地发生

关于“习惯”一词，《辞海》这样解释：“是长时期养成的、一时不容易改变的行为、倾向或社会风尚。”

叶圣陶先生曾明确指出：“教育，就是培养习惯。”新的数学课程标准也明确提出：“数学教学活动……要注重培养学生良好的数学学习习惯，具有初步的创新意识和科学态度……”而“认真勤奋、独立思考、合作交流、反思质疑，坚持真理、修正错误、严谨求实”则是良好的学习习惯和科学态度的具体表现。

可见，培养习惯，教育的责任重大。培养学生的数学学习习惯，数学教师更是义不容辞。在新课程理念的指导下，结合多年来小学数学教学的思考与实践，我认为，培养学生的数学学习习惯要做到“五鼓励”。

一、鼓励学生求真

教育家陶行知一生都在倡导“真教育”——“千教万教教人求真，千学万学学做真人”。数学又是讲真理的学科。所以，数学教学首先要让学生说真话，做真人，求真知，讲真理，学真本领，养真道德。

特级教师俞正强在一次报告中曾提到他借班上课时遇到的现象：当他的问题抛出后，身边“机灵”的学生小声地问他：“老师，您需要我们说正确答案还是错误答案?”浙江省教研员斯苗儿老师在一位青年教师的课堂教学后及时采访学生：“平行四边形的面积=底 × 高，谁在课前就已经知道这个结论了?”学生纷纷举手回应。斯老师追问:“为什么刚上课时不说出来?”学生“狡猾”地回答:“这个嘛，当然是‘剧情’的需要啦……”我也曾在一位老师上“圆的认识”一课前看到这样的一幕：老师为了拉近和学生的距离，课前与学生交流：“你们都有什么爱好啊?”学生纷纷反馈:“弹琴”“画画”……其中一学生的答案出乎意料:“我的爱好是用圆规画圆!”“多么好的孩子啊!”老师真是喜出望外，学生的回答“正中下怀”——他终于可以“自然”地引入新课了！

这样的现象不胜枚举。也难怪，大人们都感慨：现在的孩子都太“能”了！简直是“小人精”！而我们做教师的则要反思：教育的目的固然是让学生变得更聪明，可是，这里的“聪明”指的应该是什么？我们应该培养学生什么样的好习惯和好品质?

二、鼓励学生“善思”

新课程标准提出要培养学生的创新意识，而“独立思考、学会思考是创新的核心”。我们常常看到课堂上学生有这样的学习现状：面对老师提出的问题，一部分学生高举小手要“秒答”，一部分学生则在“事不关己，高高挂起”中等待别人来应对老师，很少有学生能够认真思考。古人云：“三思而后行。”有思才有行，思考能让人的行为更理性，更有指向性。数学家陈省身说：“数学是自己思考的产物。思考数学问题需要很长的时间，我不知道中小学数学课堂是否能够提供很多的思考时间。”独立思考对数学的学习是至关重要的。在数学教学中，教师应该设计或鼓励学生提出有思考价值的好问题；然后为学生提供充足的时间和空间，让学生能够静下心来先独立思考，对问题要有一定的自我见地；接下来再把自己的思考和他人进行交流分享，在相互学习的过程中再实现深度思考；进而，慢慢养成数学的思维方式和思维习惯。长此以往，学生的数学学习一定会在充满温度和热度的 思考中变得更有深度。

三、鼓励学生交流

古人云："水本无华，相荡乃成涟漪；石本无火，相击而生灵光。"学会与人交流，这是现代社会公民必备的素质和能力。数学家陈省身在强调独立思考的同时，又进一步指出："用自己的见解和别人的见解交换，会有很好的效果。"思想碰撞思想收获更多思想，智慧交融智慧生成新的智慧。可见，学生不仅要养成独立思考的习惯，也要学会与人合作交流，在交流中分享，在合作中共进。

如何培养学生学会交流呢？特级教师管建刚特别重视双方眼神的交流——不仅要说给对方听，还要眼睛注视着对方。这样的交流更显尊重和真诚，更走心。特级教师黄爱华的课堂上更注重师生、生生间的沟通与交流。为了让学生养成好的交流习惯，他专门设计了一套适合学生的话语系统："1. 请大家听我说……2. 我要特别强调的是……3. 大家有什么问题要问我吗？ 4. 感谢大家听我分享！"还有的老师特别注重培养小老师或小助教，从言谈举止上高标准地要求学生的讲解。讲解前，眼睛要先环视整个教室，与同学们的眼神进行交流，让大家把注意力都集中在一起；板书或演示时尽量高过头顶，让更多的同学都能看得到；指板书讲解时要侧身站立，角度尽量照顾到多数同学；交流时要面带微笑；表达要条理清晰；等等。总之，教师要舍得把课堂还给学生，多为学生提供交流的机会，并及时进行指导和评价，久而久之，学生自然就会养成主动交流、善于交流的好习惯。

四、鼓励学生会问

"学起于思，思源于疑。"有疑问才能激发学生去探索。传统的数学课被"打乒乓球式"的问与答充斥着，每个问题都是由教师主动"发球"，学生忙着"接球"。据不完全统计，短短的四十分钟内，大概就有近百个"球"从教师这里"发出”，造成了“碎问 + 碎答”的课堂局面，教师问得累，学生答得更累！

针对这样的教学局面，新课程标准提出了要加强对学生进行问题意识的培养。特级教师黄爱华在此理念的指导下，提出了“大问题教学”的主张。这里的“大问题”是直指一节课的教学本质和教学目标，将众多“碎问”浓缩后形成的精华问题。这样的问题能引发学生思考、探究、交流的欲望，能让数学学习真正发生。如黄老师在教学“24 时计时法”一课时，就设计了这样的两个大问题：1.24 时计时法和 12 时计时法有什么不同？2. 有了 12 时计时法，为什么还要 24 时计时法？整个学习过程围绕这两个核心问题展开，起到了“一石激起千层浪”的教学效果。

这样的“大问题”怎么来？当然最好是由学生提出，因为“学生自己发现和提出问题是创新的基础”。而如何培养学生善问、会问则是摆在我们面前的新的课题。针对不同学段学生的年龄特点和认知基础，课标也分别给出了相应的培养建议：

学段	课标建议
第一学段	能在教师的指导下，从日常生活中发现和提出简单的数学问题，并尝试解决。
第二学段	尝试从日常生活中发现并提出简单的数学问题，并能运用一些知识加以解决。
第三学段	初步学会在具体的情境中从数学的角度发现问题和提出问题，并综合运用数学知识和方法解决简单的实际问题，增强应用意识，提高实践能力。

针对上述建议，我们在实际教学中，“大问题”产生的方式可以因学生情况和教学内容而定。教师尽可能地让学生发问，鼓励学生在思考的基础上有疑而问。在学生发问的过程中，教师可适时加以引导，并将学生提出的问题及时梳理，明确本节课要解决的重点问题。

如，在教学“1000 以内数的认识”时，为了培养低年级的孩子会问，教师就先出示了本节课的学习目标进行引导：

1. 我能认、读、写 1000 以内的数。

2. 我知道个、十、百、千之间的关系。

3. 我会根据知识之间的联系学习新的问题。

有了这样的学习目标做引领，学生就尝试着提出了相应的问题：

1. 1000 以内的数怎么读？怎么写？

2. 个、十、百、千之间有什么关系？

3. 怎么用旧知识学习新知识？以后还能认识什么数？

在中高年级的教学中，教师可不再出示学习目标，而引导学生根据教学内容，围绕"是什么""为什么""有什么用"等数学核心问题来发问。如"三角形的内角和"一课，学生就提出下面的问题："三角形的内角和是多少？""三个内角之和为什么是 180° ？""学习三角形的内角和有什么用？"等。

鼓励学生善问，培养学生会问，这是一个长期的过程。需要教师厚重的功底、足够的耐心和聪颖的智慧。

五、鼓励学生质疑

数学课程标准在学段目标中曾先后提出，"能倾听别人的意见，尝试对别人的想法提出建议"，"敢于发表自己的想法、勇于质疑、敢于创新"。数学教学要培养学生具有批判性的思维，这是一种重要的数学思维形式，也是一种重要的能力，更是一种好的思维品质和科学态度。

在平时的教学中，教师就要注重培养学生的质疑意识和质疑能力。鼓励学生"不唯书""不唯师""不唯他人"，敢于向教材质疑，敢于向师生质疑，能思善辩，坚持真理，修正错误，勇于表达自己独到的见解。

如，人教版教材四年级上册第 34 页"认识公顷"的教学中，设置了这样的情境：

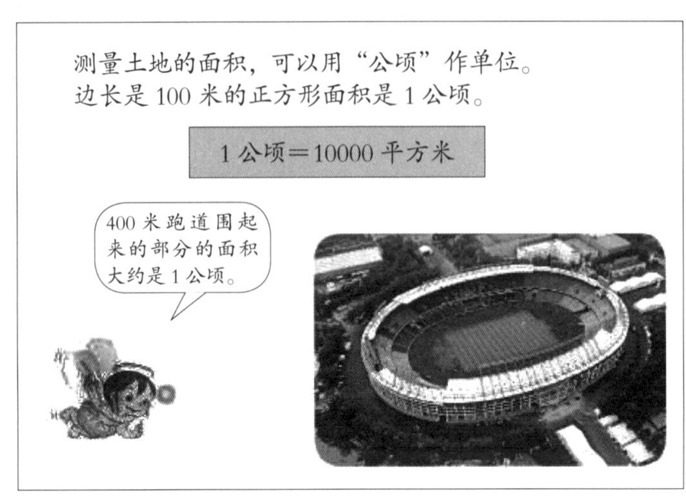

学生对“400 米跑道围起来的部分的面积大约是 1 公顷”进行了质疑：“图片中的操场显然是长方形的，而周长都是 400 米的长方形和正方形比，长方形的面积肯定要小于 1 公顷，且长与宽的差距越大，面积比 1 公顷少得越多。”虽然，教材中也使用“大约”进行了描述，但学生的质疑却体现了他们思维的缜密性和严谨性。这样的质疑很有价值，应该给予肯定和鼓励。

总之，学生数学学习的好习惯远远不止这些，好习惯的培养也不是一蹴而就的。它是一项长期的、复杂的、极有意义的教学“工程”，而实施这样的“工程”需要我们教师做到“四用”——用爱、用情、用心和用智。

在读懂学生中命题

《义务教育数学课程标准（2011 版）》在“评价建议”中明确指出：“评价的主要目的是全面了解学生数学学习的过程和结果，激励学生学习和改进教师教学”，而“书面测验是考查学生课程目标达成状况的重要方式，合理地设计和实施书面测验有助于全面考查学生的数学学业成就，及时反馈教学成效，不断提高教学质量”。

多年来，在设计和实施“书面测验”的过程中，我一直都在努力学习课标的上述理念，并积极进行着尝试和探索。我认为，在命制试题时，教师除了要认真研读教材，更要用心地研读学生。要从读懂学生的角度和高度出发，着重考查学生数学学习的几个“度”。下面以小学阶段毕业测试题的命制举例浅谈。

一、考查学生对基础知识的掌握度

1. 设计例题

在数轴上表示出下面各数。

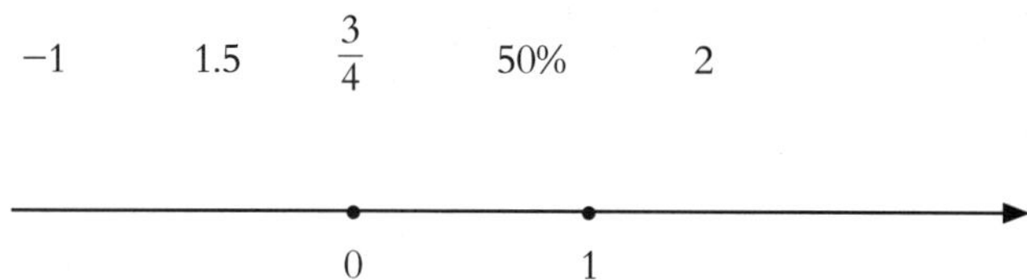

2. 设计意图

学生对数学的学习首先从数开始，这是学习数学的重要基础，在小学将毕业时有必要进行系统的巩固与梳理。此题的设计就涵盖了小学阶段学生认识的各种数：整数、小数、分数、百分数、负数等。让学生在数轴上标示这些数，既能综合考查学生对各种数的意义的理解情况，也可以进一步训练学生的数学直觉，同时也能有机地渗透一一对应的数学思想。

二、考查学生对基本技能的达成度

1. 设计例题

右图是一个残破的钟面。用软尺量得其边沿的弧长是15.7厘米：

（1）你能在此基础上补画出它所在的完整的钟面（画出圆即可）吗？

（2）你能求出这个完整的钟面的面积吗？

2. 设计意图

能将所学的基础知识内化，并转化成解决问题的能力，就是学习的技能。这也是要考查学生的“四基”中的重要内容之一。本题涉及的基础知识是有关圆的画法、周长与面积的计算等。在解决问题的过程中并不能简单地“套常路”而行，它需要学生具备一定的解题技能：找圆心、画圆、通过弧长求周长、知道周长求面积等。所以，此题能综合考查学生对有关圆的知识的理解度和技能的达成度。

三、考查学生对易错点的辨析度

1. 设计例题

在一张比例尺为 1∶1000 的学校平面图上，有一个长 4 厘米、宽 3 厘米的长方形操场，这个长方形操场的实际面积是多少平方米?

2. 设计意图

比例尺指图上距离与实际距离的比，它表示的是“长度之比”而非“面积之比”。可是在实际学习中，学生往往先求出“图上面积”，再通过题中的比例尺求“实际面积”，这是学生学习这部分知识的易错点。命题时，要有意设计此类题目，目的是进一步引起师生的重视，一方面提醒教师教学时对此类问题要特别关注和指导，另一方面要提高学生对易错问题的认识及辨析能力。

四、考查知识与学生生活经验的链接度

1. 设计例题

从小军家到爷爷家，$\frac{2}{7}$是上坡路，$\frac{1}{4}$是下坡路，其余是平坦路。星期天，小军去看爷爷，他往返一次共走下坡路 900 米。小军家和爷爷家相距多少米?

2. 设计意图

此题是关于分数问题的实际应用，看起来简单，实则不易。它要链接到实际生活中的经验——往的上坡即是返的下坡。如果学生缺乏这样的生活经验，就会自然“上当”——我曾经在城市学校测试过，90% 的学生都是以 $900\div(\frac{1}{4}\times2)$ 错误求解，而农村学校，尤其是山区的学生正确率则明显提高。所以，此题离山区的孩子的生活更近一些。它提醒我们，考查数学知识与生活的联系时，一定要考虑学生的实际生活经验，要把握好二者之间的链接度。

五、考查学生问题解决的灵活度

1. 设计例题

右图是一个一面靠墙，另一面用竹篱笆围成的半圆形养鸡场。已知篱笆全长9.42米，这个养鸡场的面积有多大?

2. 设计意图

解决此问题学生惯常的思路是：先求圆的周长，再求圆的半径，最后求圆和半圆的面积。因为求圆或半圆的面积，半径是必要的条件，而半径在此题中只能借助整个圆的周长才能求出。

设计此题的目的是想考查学生灵活解决问题的方法和能力：圆的周长等于$2\pi r$，那么圆周长的一半就等于πr（这一点在教学圆的面积公式推导时教材已经明确给出）。理解了这层关系，此题就可以直接用9.42÷3.14求出半径，这是解决问题的一条捷径。测试中命制这类题目，能够真正贯彻落实课标中“不同人在数学上得到不同的发展”的理念。

当命题遭遇考试

命题是教师和教研员常规教学教研工作的重要组成部分。它不仅负有梳理知识和巩固知识的使命，更兼有对教师的教和学生的学的检测功能。因此，命题的过程就是一次“大备课”的过程，一份试卷的完成无疑就是一篇“大教案”的诞生。在这篇“大教案”中，我们精心地做出了方方面面的预设，但一旦走进课堂（考场），一旦遭遇学生，总会出现一些意外的生成。而这些来自学生的鲜活的生成，或无理，或幼稚，或意外，或精彩，但都是一种宝贵的资源，值得我们借鉴，引发我们深思……

下面就撷取几例，与大家共同学习和思考。

一、“这里应该是估算”（四年级）

1. 设计例题

回收 100 千克废纸可以生产 80 千克好纸，如果每人一年回收 5 千克废纸，四年级 340 名学生一年回收的废纸，大约可以生产多少千克的好纸？

2. 学生反馈

这道题预设的参考答案是 1360，大部分学生选择了取近似值 1300、1350、1400。

3. 调查对话

师：你们为什么要选择取近似值？

生：因为最后的问题中有“大约”呀！

师：凡是有“大约”的问题都要取近似值吗？

生：也不是。老师教我们的是这样判断的：如果题目的条件中有“大约”，问题中也有“大约”，或者条件中有“大约”，问题中没有“大约”，那就不用取近似值；如果条件中没有“大约”，问题中有“大约”的，就得估算，结果要取近似值。

师：你们的意思是这道题这样改动：“回收 100 千克废纸大约可以生产 80 千克好纸，如果每人一年回收 5 千克废纸，四年级 340 名学生一年回收的废纸，大约可以生产多少千克的好纸？”就不用取近似值了，是吗？

生：是的。前面的三个条件中任意一个有“大约”，问题有“大约”都可以不取近似值的。

4. 分析思考

新课程实施以来，估算教学成了老师们最关注同时也最难实施的课题。因为它与生活的密切关联让师生们尤其难以把握和判断。面对具体的问题情境，是否估算？如何估算？很多时候意见难以统一。通过此题反馈的情况，看出来了老师们在解决此类问题中想出的应对招数。是否可取？请同行们思考商榷。

二、“还可以这样来表示”（五年级）

1. 设计例题

用分数表示下面的阴影部分。

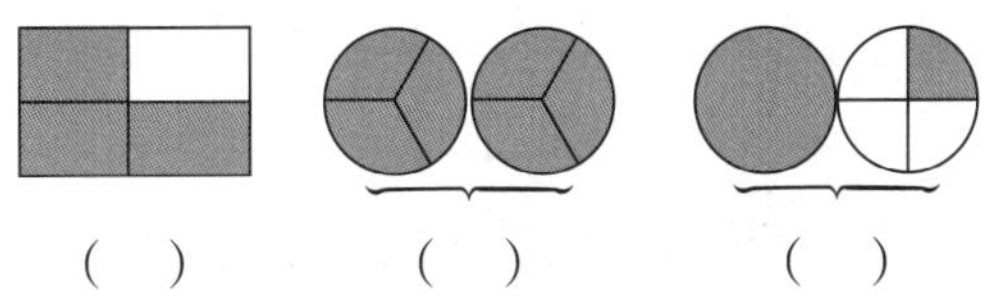

（ ）　　（ ）　　（ ）

2. 学生反馈

这道题是考查学生对真分数、假分数及带分数意义的理解。学生却在后面两幅图中出现了不同答案：第 2 幅图还可以用$\frac{6}{6}$来表示，第 3 幅图还可以用$\frac{5}{4}$来表示。

3. 调查对话

师：第 2 幅图为什么用$\frac{6}{6}$来表示?

生：因为我把两个圆看成了一个单位“1”，平均分成 6 份，阴影部分正好有 6 份。

师：第 3 图为什么用$\frac{5}{4}$表示呢?

生：因为从右面的圆中知道，这里是把单位“1”平均分成了 4 份，左边的圆中不分也知道阴影部分是$\frac{4}{4}$，合起来就是$\frac{5}{4}$了。

4. 分析思考

学生的思考是有道理的。“分数的意义”一课的教学中特别强调单位“1”的意义：既可以是一个物体、一个计量单位，也可以是多个物体组成的整体。所以判断一个分数的意义，就要特别关注是把谁看作了单位“1”。所以学生这样的反馈我们认为是正确的。

三、“又没规定是从左数”（五年级）

1. 设计例题

一个号码由四位数组成，第一位是最小的质数，第二位是最小的奇数，第三位数是最小的合数，第四位是一位数中最大的偶数。这个号码是（　　　　）。

2. 学生反馈

多数学生的结果是 2148，但有个别学生的答案是 8412。

3. 调查对话

师：为什么你们答案的数字顺序正好与别人相反啊？

生：这个数又没有规定从左数起，我认为第一位就应该是最低位个位，然后是十位、百位和千位，应该按照这个顺序来写。

4. 分析思考

这道题本来是考查学生对一些重点概念的理解与掌握，没想到却在数的顺序上产生了分歧。按照学生的读数和写数的习惯，应该是从高位始起的。但少数学生从数位的低位起思考，的确也符合他们的认数习惯。所以，此题的“出乎意料”倒是给了我们深刻的提醒：在命制试题的过程中一定要考虑到学生的认知习惯，措辞一定要严谨规范。

四、“结果不是要近似值吗”（六年级）

1. 设计例题

直接写出得数：$398 \div 42 \approx$

2. 学生反馈

多数学生给出了“10”这个预设的答案，但部分学生给出了“9”“9.5”“9.48”等答案。

3. 调查对话

师：为什么想到用小数来表示结果呢？

生：因为结果是要近似值的，所以计算后，保留几位小数应该都是它的近似值，都符合题意吧。

4. 分析思考

这道题是试卷中众多口算题之一，目的是想考查学生的估算能力。“10”这个答案是命题时预设到的，但面对六年级的学生，因为有了小数计算的经验，他们给出保留整数、一位小数和两位小数等答案也是可以理解的，我们应该予以尊重。

五、“拿到的就应该是税后的”（六年级）

1. 设计例题

李叔叔经常在各种报刊上发表文章。国家规定个人发表文章、出版图书所得的稿酬应该缴纳个人收入调节税，其计算方法是这样的：

（1）稿酬不高于 800 元的，不纳税；

（2）稿酬高于 800 元但不超过 4000 元的，应缴纳超过 800 元的那部分的 14% 的税款；

（3）稿酬高于 4000 元的，应缴纳全部稿酬的 11% 的税款。

李叔叔缴纳了 420 元的稿税，请你算一算，他拿到了多少稿酬？

2. 学生反馈

有相当一部分学生给出了这样的答案：$420 \div 14\% + 800 - 420 = 3380$（元）

3. 调查对话

师：你为什么要从 3800 元中再减去 420 元呢？

生：因为在实际生活中，要缴纳的稿税在给稿费之前直接就从稿酬中扣除了，所以问题求“他拿到了多少稿酬”就应该是税后的那部分啊。

4. 分析思考

此题预设的答案是 $420 \div 14\% + 800 = 3800$（元），没想到有部分学生给出了上述答案，我们不得不为学生具有丰富的生活经验而欣慰。看来此题在问题上应该再明确为“他税后拿到了多少稿酬”，这样更符合生活实际。

六、“究竟是谁的$\frac{1}{4}$”（六年级）

1. 设计例题

已知一个图形的$\frac{1}{4}$是，这个图形是什么样的？请在点子图中把它画出来。

2. 学生反馈

原来预设的答案是学生会画出不同形状的图形，只要总面积为 6 个小正方形均可。可学生的解答却让老师们大呼意外，措手不及。

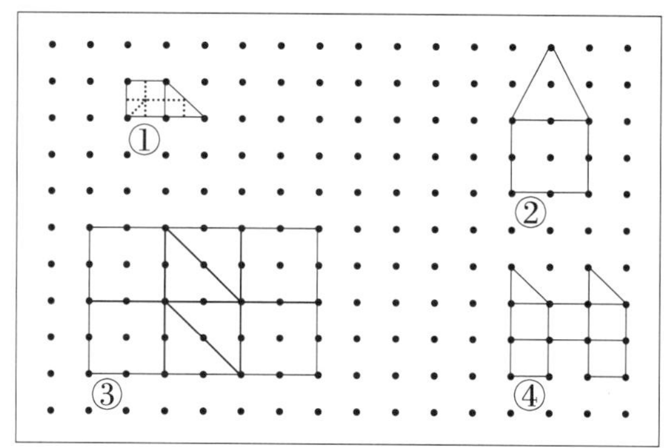

3. 调查对话

这一次，阅卷教师出现了争执。

认为①③正确的教师的观点是：因为条件中的组合图形和点子图都没有用具体的数据规定大小，就可以理解为是所画图形形状的$\frac{1}{4}$，只要画出的图形能够平均分成这样形状的 4 份，就是正确的。

认为②④正确的教师的观点是：虽然这些图形的形状不能均分成 4 份，但它们的总面积都是的 4 倍，所以条件中所说的$\frac{1}{4}$就可以只理解为是总面积的$\frac{1}{4}$。与图形的形状无关。

4. 分析思考

这道题在阅卷过程中成了热点和焦点。学生反馈出来的情况远远不止上述4例，但整体上可以归结为上述教师们争执的两种意见：▭◺是所画图形形状的$\frac{1}{4}$？还是其面积的$\frac{1}{4}$？师生的真实反馈应该引发命题者的全面思考：如果在条件中说明“已知一个图形大小的$\frac{1}{4}$是▭◺”，并且在点子图上也标注相应的边长“1cm”，就会使思考相对统一，减少分歧。

总之，以上只是我们在命题及考试中的几例，但足以引发我们深思：作为命题人员，我们不仅仅要读懂教材、厚研教材，还要厚读学生、厚读教师、厚读课堂。通过及时与师生们学习和沟通，我们能从中掌握更多的来自一线的一手资料，做到心中更加有数，用更加全面预设来应对更多鲜活的生成。

做更专业的教师
——从教师专业知识考试谈教师专业素养的提升

2018年，我们组织了面向全市小学数学教师的教师专业知识考试。整套试题分专业知识和教材教法两大部分。在试题命制的过程中，我对“厚重教师”的内涵又有了深刻的理解，对如何引领一线教师做“厚重教师”也有了更加明确的思路。本文试结合此次专业知识考试的部分试题，谈谈命题时的真实考查意图，期望老师们都能做更专业、更厚重的教师。

专业知识部分——让教师的专业功底更厚实

专业知识部分的命题围绕义务教育阶段的数学教学内容展开，遵循《义务教育数学课程标准（2011版）》的要求，依照义务教育阶段的教材（人教版）编排，重在考查课标中提出的“十大核心概念”，力求使教师的专业素养更加“有高度、有广度、有深度、有灵活度”。

一、有高度

1. 典型试题

操作：

（1）通过示意图表示出平行四边形、矩形、正方形、菱形之间的关系。

（2）作图中圆的内接正方形和外切正方形。（保留作图痕迹）

解答或证明：

（1）发现规律，并写出证明规律的步骤。

$15\times15=1\times2\times100+25$

$25\times25=2\times3\times100+25$

$35\times35=3\times4\times100+25$

$45\times45=4\times5\times100+25$

…………

规律：$(a\times10+5)^2=$__________

（2）证明：三角形的外角等于与它不相邻的两个内角的和。

（3）我国古代数学名著《孙子算经》中记载了一道数学趣题：“今有雉（鸡）兔同笼，上有三十五头，下有九十四足，问雉兔各几何?”请你分别用下面三种不同的方法解答这个问题。[算术方法（假设法）、一元一次方程的方法、二元一次方程组的方法]

2. 考查意图

在“厚重课堂”的研究过程中，我们要求“厚重教师”在学科知识上要做到“三通”——“通晓”相关学科的知识，“通览”本学科的知识，“精通”本学段的知识。针对小学数学教师提出明确要求：“居高临下教小数”。因此，本次试卷中涉及了一定量的中学数学知识，我们称其为“上位知识”。如，上述试题中的“菱形”“内接正方形和外切正方形”“证明”和“一元一次方程、二元一次方程组”等均涉及了“上位知识”。这些知识，不要求小学生了解，但从事小学数学教学的教师一定不能忘掉。有了它们，我们的教学就站在了一定高度，不同学段的学科知识之间的联系就会更加紧密，学生后续知识的发展就会更加脉络清晰。有了这样的大教材观和学科知识观，教师的专业功底就会更加扎实，义务教育数学课程标准的理念就会得到更好的落实。

二、有广度

1. 典型试题

填空：

（1）边长是1000米的正方形的面积是1平方千米，边长是100米的正方形的面积是1公顷，你知道吗？边长10米的正方形的面积是1（　　）。加上它的话，所有相邻两个面积单位之间的进率都是100。

（2）教材中介绍了2、3、5的倍数的特征，你知道吗？4的倍数具有的特征是（　　）。

判断：

（1）当一个物体两个部分的长度的比大致符合0.618∶1时，常会给人优美的视觉感受，所以我们把“0.618∶1”称为“黄金比”。（　　）

（2）“哥德巴赫猜想”的内容与质数、偶数有关。（　　）

（3）最早提出“用算筹区分正负数”的数学家是祖冲之。（　　）

2. 考查意图

以上试题是对教材内容的拓展，旨在拓宽教师的专业知识面，使教师了解更多相关的数学文化，专业知识更宽泛，真正做到“给学生一碗水，教师要有一桶水，甚至长流水”。

三、有深度

1. 典型试题

右图是一个残破的钟面，请在钟面上选择合适的两点连成一条线段，使其长

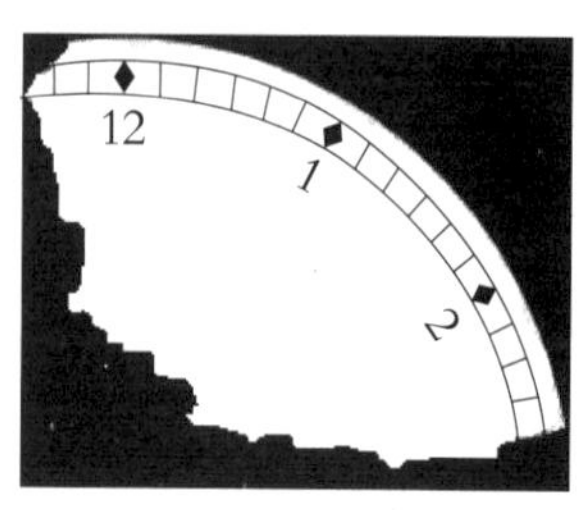

度正好等于该圆形钟面的半径。（先画出线段，再说明理由）

2. 考查意图

此题连接点“12”和“2”所成的线段正好是该圆形钟面的半径。因为，想象如果是一个完整的钟面，点“12”“2”与圆心三者顺次连接组成一个三角形，它正好是顶角（以圆心所在的角）为 60° 的等腰三角形（两腰分别为半径），则可推理出该三角形为等边三角形，所以两点之间的连线段之长正好与半径相等。此题如果考查学生，有相当大的难度。但要考查学科教师，还是有一定价值的。除了可以考查教师综合运用学科知识解决问题的能力，还能增强教师的空间观念、想象能力、推理能力、应用意识和创新意识等，使学科核心素养落实到位。同时引领教师要在专业知识的精深上下功夫。

四、有灵活度

1. 典型试题

如右图，将三种不同直径的五个圆组合在一起，并让其中一些圆彼此相切。整个图中阴影部分的面积是 13.2 cm^2，整个图中空白部分的面积是（　　）cm^2。

A. 13.2　　B. 26.4　　C. 39.6

2. 考查意图

此题图中小、中、大三种圆均没有给出半径或直径的具体数据，只给出了阴影部分的总面积，按照正常的解题策略无从下手。如果换个角度来思考，此题便可迎刃而解：由小、中、大三种圆半径之比为 1∶2∶3，可知三者面积之比为 1∶4∶9，阴影部分的面积一共是其中的 3 份（中圆中阴影部分是 2 份，再加一个阴影小圆），则空白部分为其余的 6 份，正好是阴影部分的 2 倍，所以面积为 26.4 cm^2。这样的解题策略，不仅省时，而且高效。最重要的是，提醒数学教师：数学问题的解决除了要遵循规律，还要善于在“换个角度看问题”中学会机智多

变，不断培养思维的灵活性和敏捷性。

教材教法部分——让教师的教学素养更厚重

教材教法部分的命题重点围绕“课标、教材、学情和教法”等几个方面展开。借助试题的命制和考查，引领教师进一步“学课标、通教材、读学生、研教法”，厚练教学功底，提升专业素养，形成正确的教师专业成长导向。

一、学课标

1. 典型试题

填空：

数学是研究数量关系和空间形式的科学。课标将数学课程内容划分为四大领域。比如，“角的初步认识”属于（　　）课程领域；“平均数”属于（　　）课程领域；“20 以内的进位加法”属于（　　）课程领域；“自行车里的数学”属于（　　）课程领域。

判断：

（1）课标要求“综合与实践”的教学活动应当保证每学期至少一次。（　　）

（2）课标提出的“四基”指的是发现问题、提出问题、分析问题和解决问题的四种基本能力。（　　）

（3）演绎推理用于探索思路，发现结论；合情推理用于证明结论。（　　）

简答：

《义务教育数学课程标准（2011 版）》在“评价建议”中指出“可以对部分学生采取‘延迟评价’的方式”。请谈谈你对“延迟评价”意义的理解或实践。

2. 考查意图

课标是教师教学的纲领性文件。学习课标，是教师从事教学的重要前提和保障。教师只有对课标了然于心，才能正确理解学科教学理念，整体把握学科教学全局，有的放矢地贯彻落实。因此，对课标的学习，我们提出了“反复学”的要求，不仅要学懂，还要学深、学透，要贯穿日常教学的全过程。我们曾以“你对课标知多少”为主题，面向全市学科教师组织过教学基本功比赛活动，先后两次对课标“实验稿”和“修订稿”进行过深度的学习。上述试题只是课标学习考查中的少部分内容，期望通过不间断的考查，提醒教师不间断地学习课标。

二、通教材

1. 典型试题

填空：

（1）人教版新教材在各年级都编排了“解决问题”的专项内容。其中，低年级的编写体例一般是—知道了什么—怎样解答—（　　）；中高年级的编写体例一般是—（　　）—分析与解答—回顾与反思。

（2）在人教版教材的编排体系中，关于“分数”和“小数”的学习，小学里主要经历了两个阶段。第一学段安排了“初步认识”：编排顺序是（　　　　），第二学段安排了“再认识”：编排顺序是（　　　　　　）。（写出相关的单元名称及所在教材的册数即可）

（3）整数、小数、分数的加减法，其算理是相通的，即（　　　　）。

（4）长方体表面积的计算方法与圆柱体的表面积的计算方法具有内在的统一性，都可以用（　　　　　　）方法来计算。

简答：

分数的基本性质与小数的基本性质有什么关系？请举例说明。

2. 考查意图

上述前两道填空题分别从人教版教材专项内容的“编写体例”、相关知识的“编排体系”等方面进行了考查，后面几道题就知识点之间的联系进行了沟通。通过这些有代表性的典型试题，我们提醒并强调学科教师要意识到——“通教材”很重要。

三、读学生

1. 典型试题

简答：

（1）教学“3 的倍数的特征”一课前，学生认为“3 的倍数的特征”可能是什么？为什么会有这样的想法？

（2）“平行四边形的面积”教学过程中，在“数方格求面积”这一环节，如果不给出“不满一格按半格算”的提示，学生能否在方格图中准确数出平行四边形的面积？

（3）学生在作业中这样简算下面的试题，你怎么评判？

$$\begin{aligned}&0.25\times125\%\times32\\=&\frac{1}{4}\times32\times1.25\\=&8\times1.25\\=&10\end{aligned}\qquad\begin{aligned}&0.25\times125\%\times32\\=&\frac{1}{4}\times\frac{5}{4}\times32\\=&10\end{aligned}$$

2. 考查意图

学生是我们的教学对象，也是教学的重要依据。在“厚重课堂”课题的研究中，我们提出了“厚读学生”的要求。从“课前、课中、课后”三个角度研读学生的知识基础、学习状态、真实思维等，为教学起点的选择、决策的调整、走向的把握等提供重要的依据。如上述第 1 题如果课前走进学生，就会发现受“2、5 倍数特征”的影响，多数学生认为“个位是 0、3、6、9 的数是 3 的倍数”，那么，教师的教学起点就可以从学生的错误初念开始展开，实现以学定教。第 2 题中，如果不给出“不满一格按半格算”的提示，相信一部分学生是可以通过“平移”凑成整格进而顺利数出面积来的。而这一招，恰是下一步推理计算面积算法的重要手段。所以，教师在此环节要充分相信学生并大胆放手给学生，通过生生之间的相互启发让“数方格求面积”与“剪拼割补求面积”自然对接，水到渠成，实现真正意义上的顺学而导。第 3 题针对学生作业中出现的非常规现象，教师应该了解学生的真实想法，肯定他们的创新思维，进行客观公正的评判，让教学变得更加“个性化”和富有“人情味儿”。

四、研教法

1. 典型试题

判断：

教学三角形的“稳定性”最好的方法是让学生通过学具体验其“拉不动”。（　　）

简答：

如何借助“几何直观”帮助学生思考解决下面的问题。

计算$\frac{1}{2}+\frac{1}{4}+\frac{1}{8}+\frac{1}{16}+\frac{1}{32}+\frac{1}{64}+\cdots=$（　　）

2. 考查意图

教学有法，但无定法，贵在得法。教学方法是帮学生搭建从不知到知之的桥梁。因此，得法显得尤为重要。很多教师教学三角形的“稳定性”的得法就是让学生通过学具体验其“拉不动”。殊不知，这是既浅显又不够科学的教学方法。真正的好教法是，让学生用三根固定的小棒在不同的位置，从不同的角度摆三角形，最终发现，小棒的长度固定，摆出的三角形的形状固定、大小固定等，这才是三角形“稳定性”的实质所在。

“$\frac{1}{2}+\frac{1}{4}+\frac{1}{8}+\frac{1}{16}+\frac{1}{32}+\frac{1}{64}+\cdots$”的结果到底是多少？学生借助通分是解决不了问题的。对于结果为“1”也是很难接受的。但如果借助“几何直观”这一招，学生就会豁然开朗，问题就会迎刃而解。

通过对上述试题的分析，我们对教师专业素养的提升有了更明确的目标和更清晰的思路。“学科教师是学生能直接观察到的学科形象。”因此，作为教师，我们要修炼我们的职业气质，更要修炼自己的专业气质。要爱自己从事的教学专业，更要学会专业地去爱。要用纯净的心，做专业的事，努力提升自己的专业素养，为自己从事的专业做好“代言人”。

您是老师吧?

元旦放假第二天，天气晴好。我陪老公一起到乡下河边去钓鱼。

到了目的地，老公把车停在河岸上，提着钓鱼的家什去水边了。我半卧在车里，打开车窗享受着透进来的阳光和空气，玩着手机，吃着零食，一副慵懒的样子。

一个半小时后，已经中午一点半了，我才决定走下车活动活动，到水边看看老公的垂钓成果如何，也顺便给他送点吃的。

远远的，我发现有几个孩子在水边玩儿，其中两个年龄还很小。本能告诉我：得让他们赶紧走开，这里不安全！于是，我走到他们旁边，亲切地和他们打了招呼："小朋友们好！你们四个站起来，往上面走一点，我给你们照个合影，好吗?"几个孩子先是看看我，然后很听话地配合我，还做出了几个时下流行的动作。

看他们对我没有敌意，我就主动和他们聊了起来：

"你们吃过午饭了吗?"

三个孩子都说吃过了，只有一个年纪最小的孩子说："还没吃呢。"

"那你肯定饿了吧?"我把给老公送的吃的递给了他们。

最小的孩子一下就抢了过去。我告诉他："你多吃点，但是让三个哥哥也分享一部分，好吗?"

"好。"他虽然不太情愿，但也很听话地和大家做了分享。

"你们都上学了吗?"

"都上了，我是四年级，他是二年级，他俩都是一年级。"最大的孩子一副大哥哥的样子。

"你们这里有学校吗?"

"有!"

"离这儿远吗?"

"不远。上去这个坡，往前走，再往右拐……就是我们学校了。"

“大约有多少米啊?”

孩子们都摇头了:“不知道，反正不远。”

“你学过千米的知识吧，有一千米远吗?”我的专业知识令我毫无意识地就瞄准了最大的学生。

“没有，肯定没有一千米!”看来，他对“千米”的感觉很到位。

“那，能带我去你们学校看看吗?”用这种方法把他们支开这危险的地方，我还真佩服自己的机智。

“好!好!好!”四个孩子三个“好”。最大的孩子很冷静地说:“我们学校放假了，大门锁上了，进不去啊。”

“没关系，我到你们学校门口看看就行。”

就这样，我们五个高高兴兴地上路了。

路上，孩子们跟在我的左右，既有刚刚的几分熟悉，还有几分的陌生。我看他们吃东西香香的样子，很是心疼地问:

“你们的爸爸妈妈外出打工了吗?”

“我俩的爸爸出去打工了，妈妈在家。他俩的爸爸妈妈都打工了。”两个大点的孩子说。

“爸妈都打工了，你们跟着谁啊?”我更心疼地看着两个小的孩子。

“我跟着奶奶呢。”还没吃到午饭的孩子告诉我。

“我妈妈不要我了。”另一个小的孩子走近我，看着我，声音很小。

我不敢再继续问下去了，赶紧摸摸他的头:“这么好的孩子，我一见就喜欢上了，妈妈怎么会不要你呢?她和爸爸在外打工，是挣更多的钱给你买好吃的，穿的，还让你交学费上学呢。”我不知道他家的具体情况，但我知道此时自己的安慰很苍白无力。

“他妈真的不要他了，因为她从来都不回来看他，他爸不这样。”其他孩子极力给我证明他说的是真的。

我赶紧示意他们停止:“谁说的，我不相信!妈妈不回来可能是没有假期，爸爸回来就是替妈妈看的。”几个孩子也马上明白了我的意思，点了点头。

我赶紧转移话题："你们今天中午来河边玩水，家长知道吗?"几个孩子都摇头回应我。

"老师和家长允许你们来这里玩儿吗?"

"不允许啊。"

"为什么?"

"河边不安全。"

"那你们偷偷来玩对吗?"

"不对。以后不来了。"

最初的这个"大问题"就这样简单自然地解决了，孩子们没有一点烦意和敌意。

"你们学校举行过100米赛跑吗?"我瞄准眼前的一段路程又灵机一动生成出了下一个话题。

"跑过100米，还跑过400米呢。"

"来，你们估计一下，从这里到前面拐弯处大约有没有100米?"

"如果有100米，咱们一段一段地估计一下到学校一共大约几百米，好吗?"孩子们对我布置的这个新任务很有兴趣，我们短短的行程也很是充实。

学校到了，蓝色铁大门果然紧锁，如果不是旁边有个牌子——"××县××乡××小学"，门上有一幅标语——"廉洁从教 弘德育人"，这个校门还真比不上普通农家的大门，又窄、又小、又破。我从门缝往里隐约看到了他们的校园，几乎没有水泥地面。

我和孩子们站在学校门口，又开始了"闲聊"：

"你们学校有几个老师啊?"

"有五个吧。"他们边想边答。

"他们年龄大吗?"

"大。也有一个年轻的老师。"

"老师们对你们好吗?"

"好。不过要是犯错了也可厉害!"

“犯什么错误？老师咋厉害？”

“要是老师讲过的题我们作业或者考试时做错了，老师就拿细长棍子敲。”

“俺老师不拿棍子，他用长尺子敲。”

“敲你们哪儿？头吗？”

“俺老师不敲头，光敲手。”

“他老师敲头。上次他考了40分，还爱捣乱，老师就敲了他的头，他还不改。”

虽然知道他说得可能有点夸张，我还是倒吸了一口凉气，赶紧摸摸刚进午餐的那个小男孩：“疼吗？”

“不疼。”他不好意思，脸也红了。

看到又有几个同村的女生到来，我赶紧打住了这个话题。然后热情地招呼他们几个一起在校门口照了个合影。

就在我拿好手机准备走的时候，那个上二年级的男孩子忽然问我：“您是老师吧？”

本不打算暴露“身份”的我又奇又喜：“你咋知道我是老师啊？”

“因为您戴着眼镜呢，有学问。俺老师也是。”

“我也觉得您是老师，您刚才走路上问过我千米的事儿，还让我们估计路多远。”那个大孩子也恍然大悟。

“对，你还说在河边玩水不安全。”两个“傻小子”也找到了推理的证据。

“还有，你一开始就让我们带你来看学校，肯定是老师。”

我点点头，真诚地表扬了反应虽慢点但很淳朴厚道的孩子们：“你们真的很善于观察和思考，还很会推理啊，将来都会很厉害的！”

“您是哪儿的老师啊？”孩子们好奇地追问。

“我在城里当老师，有机会我来这里给你们当老师，好吗？”

“好好好！”孩子们半信半疑地仰望着我。

我想告别他们，可几个小家伙说他们还要跟我回去，因为一个东西忘在岸上了。于是，我和其中三个孩子又一起返了回来。路上，他们先拉开我一段距离在前，一起嘀咕着什么。一会儿，那个大孩子大声斥责着最小的孩子给我告状：“老师，他说您今天给我们带的吃的已经吃完了，能不能给点钱啊？他是全校最赖的学生，老师敲他的头一点儿不亏!”

“我没有说！真没有说！是他说的!”他用坏孩子犯错后惯用的伎俩在狡辩。

一股寒意顿时袭入我的心头，这可能是一个有典型问题的学生！我忽然有些心酸，他跟着不知道是什么状况的奶奶，到现在午饭还没吃上，又何谈素质的全面发展呢？没有父母在身边管教的孩子多是如此啊！

我稳定了一下自己的情绪，又抚摸着他的头说：“老师敲你的头我很心疼，咱以后不能再犯错误了。刚才我给你们吃的，几个哥哥让你吃得最多，你要向他们学习啊！小孩子不能拿钱，也不能随便给大人要钱，更不能偷拿家长的钱，这样不好，以后要改正。下次我来了还给你多带好吃的，好吗?”

他乖乖地点了头，不再狡辩了。

我告别了他们，回到车里休息了。大约一个小时后，老公收工回来了，他说有几个孩子在岸上问：“刚才的老师上哪儿了?”

回来的路上，我脑海里回放着刚才的一幕幕，心里久久不能平静……偶遇的这几个孩子，正是农村千千万万孩子的缩影，透过他们看到的，正是广大农村最真实的教育现状……

让我们一起，更多地关注农村教育！帮助农村教师！关爱农村孩子！

转益多师是汝师

有人说“教育是艺术”，是感性的花；有人说“教育是科学”，是理性思维的果；有人认为教育是“传道授业解惑”的圣人之举。在我看来，教育是生活，时时提高着教育者以及被教育者的生活质量，在生活中处处可见生命传承过程中的教育。

我曾看到过这样一个情景：一只调皮的小猴子蹲在桥的一侧，怎么也不愿过桥。主人急了，用鞭子抽它，但无济于事。主人灵机一动，拿出一个鲜红可口的桃子，小猴子眼前一亮，紧追桃子而去，很快就过了桥。这一幕让我很自然地想到了我们的教育：学生犹如调皮可爱的小猴子，他们有着自己的情感体验，也常常会对学习产生倦怠情绪。这个时候，教师的作用是什么？是惩罚，还是引导？是将知识变成可怕的“鞭子”强加给学生，还是将其变成可口的“桃子”去吸引学生？……这位主人的做法能给我们很好的启示。

儿子问我：“妈妈，为什么同样是西红柿、鸡蛋、面条，您做出来的捞面条要比爸爸做的好吃呢？您有什么绝招啊？”儿子的问题让我又想到了教育，是啊，为什么同样的原料，要做同一种饭菜，不同的人会做出不同的口味？为什么同样的教学内容，要达到同样的教学目的，不同的教师会有不同的教学效果？带给学生不一样的感受？好教师的绝招又何在呢？

我常常是边做饭边思考：同样的原料正是同样的教学内容，对原料不同形式的加工就是教师课前对教学不同的设计，做饭的过程就是教师课堂教学的过程，选择什么方式做饭，怎么做，就是教学过程中多种教学方式的灵活选择和运用。一顿美味佳肴的诞生，正是一节好课的完成；品味美味佳肴的过程，就是学生获得良好情感体验的过程……教学与做饭竟是惊人的相似！一位好教师，正如一位好厨师，一定是科学的、严谨的、用心的、投入的……

我是一个戏迷，尤其喜欢看河南电视台的《梨园春》。河南豫剧二团将传统剧目《赵氏孤儿》改编成《程婴救孤》搬上舞台，在文艺界引起了巨大的轰动，一举夺得第十一届文华奖。我在《梨园春》上看了这出戏的选段，在为之震撼的同时，我也由“一场好戏”联想到了“一节好课”，由“一个好演员”联想到了“一个好教师”。传统的戏曲经过编导们与时俱进的创新改编，经过演员们出神入化的创新演出，就能够达到神奇的艺术效果。教育何尝不是如此呢？如果说，一场好戏=一个好剧本+优美的艺术设计+演员精彩投入的演出，那么，一节好课=好的教学内容+精心的教学设计+教师精彩的课堂教学。在推进课程改革的今天，传统的教学内容更需要经过教师创新的设计和教学，焕发出无穷的魅力，来教育和感染学生。

生活中有太多太多的情景能够促使我们对教育进行深入的思考和实践，我们常常在生活中捕捉灵感，领悟教育的真谛。是生活，让我们更深层地感悟着教育；是教育，让我们更细致地感受和体验着生活……

《基础教育科研方法入门》一书中有这样一段话：“一位教师如果有强烈的教育科研愿望，有读书的习惯，喜欢思考，那么，他到处可以看到有用的信息，到处都能发现研究不完的课题，随时都有些事情激活他的思想，使他浮想联翩。到这时候，教育科研已经成为他生命的一部分，他会从中感受到科学生活的质量和乐趣。”

诚然，生活是教育之源，教育是生活的一部分。自然与人生，气象万千，其理一也，至于教育，可融会贯通。杜甫说：“转益多师是汝师。”意思是无所不师而无定师。让我们用教育的眼光观察生活、学会生活，用贯通的智慧去发现教育、发展教育。

教研员的“来”与“去”

教研员，顾名思义为专门从事教育教学研究的人员，其重要的工作职能为“研究、指导和服务”，宗旨是“全心全意为教学一线服务”。教研员行走于理论与实践之间，上承专家学者的厚望，下怀一线教师的期盼。因此，好的教研员，一定要能“上得理论的厅堂，下得实践的厨房”，做好教师专业成长的“铺路石”，架起教书匠走向教育家的“桥梁”。

沉下来，钻进去

教研员要做研究，就得静下心、沉下气来，潜心钻研业务，多读书，多学习，努力提高自身素质，掌握教育教学的真本领、硬本领，为教研工作储备能量、打足底气。切不可腹内空空而浮于表面，打官腔、说套话，只做表面文章。这样的教研员往往是高谈阔论一些“面”上的理论，而毫无深层的独立思考，老师们听后也往往是内心茫然而无所适从。好的教研员，一定是学然后知不足，因为，他明白自己站得有多高，就能看得有多远，就能带领老师们走多远的道理，也明白自己肩上担负的这份义务和责任。所以，他们就会自加压力，苦练内功。

走出来，走下去

教研员的工作对象是教师，他更多的时间应该是走出自己的办公室，走进基层学校，走到一线教师身边。很多教研员除了单位要求的“下校”时间，大部分时候都“高高在上”，喝茶、看报、上网加聊天，求得一份休闲和自在。教研工作要求教研员要重心下移，只有这样，才能看到教学一线的真实现状，了解到一线教师的迫切需求，发现教学中存在的各种问题，研究才有“源头活水”，指导才能“对症下药”。

坐下来，站上去

教研员要深入一线，就要走进课堂。既要坐下来听课、评课，更要站上讲台讲课、说课。很多教研员只做到了前者，而回避了后者。一是权威思想作祟，觉得自己就是挑老师教学毛病的“行家里手”，主要任务就是“权威发布”。二是碍于面子，觉得自己身为“权威”，走上讲台上课压力大，万一上不好了怎么办？岂不有损自己的形象？三是懒惰使然，自己深知要上一节课需要付出多少辛劳和汗水，所以没有任务压顶的情况下根本不想去“自讨苦吃”。

我们知道，教研员一般情况下都是从一线选拔而来的，他们代表着优秀教师群体，走上讲台，示范作课应该是他们义不容辞的义务和责任。老师们不喜欢“上得去，下不来”的纯理论研究者深奥又苦涩的讲解，也不欢迎“上不去，下不来”的一些教研员的空洞说教，而常常钦佩和爱戴像吴正宪老师那样“上得去，下得来”的理论与实践相结合的科学引路人。所以，我们既要听课后告诉老师们“建议怎么做”，也要上课后告诉他们“应该这样做”。

蹲下来，跟上去

教学的指导和服务不是走马观花，就事论事，应付了事，而是由浅入深，由表及里，由易到难，循序渐进的过程。这需要教研员付出真心、耐心和恒心。教研员要蹲下来，扎根基层，和老师们一起摸爬滚打；要跟上去，真心服务，不厌其烦地为老师们排忧解难；要把不同学校的同一学科教师组织起来，以课题研究为抓手搞主题科研，将老师们教学中的“小问题”提升为“大问题”，为他们提供“大空间”和“大格局”，带领老师们搞真研究、大研究，在研究中集思广益，碰撞智慧，深度思考，共同提高。

记下来，写上去

教研员的任务之一是“教学记事”，写作是教研员必备的基本功。教学一线是教学研究取之不尽，用之不竭的源泉，教研员要把其中的所见、所闻及时地记录下来，要善于从第一现场收集到宝贵的第一手材料，再结合自己的所思、所感、所悟有针对性地进行教学反思，最后总结并将其提升为有价值的“教学文章”或“研究课题”，久而久之便会形成自己的研究成果和特色。

悟出来，讲出去

教研员要有很强的悟性。要把看到的教学现象通过深度思考和感悟，内化为自己的思想和见解，形成自己的教学理念和风格，这对教研员提出了更高标准的要求。教研员有义务把自己的见解总结出来，并讲出去。可通过举办专题讲座等形式把有价值的思考介绍给更多的同行，要虚心接受老师们的评议，营造浓厚的学术研究氛围，使更多的教师从中受益。

请进来，走出去

教研员为一方教育领地的“无冕之王”。从某种意义上讲，他们代表着这一方学科教学的权威，一线教师们对他们更是充满崇敬。有的教研员甚至会因此而骄傲自满，容不下其他声音，但好的教研员的表现却恰恰相反，对他们来讲，这“无冕之王”则是压在肩上沉甸甸的责任。老师们之所以认为“我说了就算”，更多的是对教研员这个称谓的尊重与期许，而非对你本人的认可与崇拜。作为教研员，必须保持清醒的头脑，对得起这份尊重与期许，绝不可故步自封、刚愎自用。山外青山楼外楼，各级教研员都要走出自己的一方小天地，不断开阔自己的大视野，向更多、更优秀的专家学习，与之交流，更新观念，丰富内心，武装头脑，让自己成为一名真正的“无冕之王”。同时，教研员还要多组织教研活动，把优秀的学科专家请进来，对学科教师进行更专业的引领和培训，让更多没有条件外出学习的基层一线教师在家门口就能领略到名家的风采，透过这扇窗看到外面更精彩的世界。

“厚重课堂”典型案例

“厚重课堂”是我对理想课堂教学的追求。在长期教学实践的摸爬滚打中，我一直在尝试和探索，打磨出一个个流淌着知识和情感的教学案例。本章精选了我从教以来不断锤炼的八个典型“厚重课堂”课例，这八节课涉及不同内容领域，课型不同，形式多样，风格各异。相信不仅能向大家再现课堂教学实况，也能让大家感悟到课堂背后的深度思考。愿这些课例对一线教师的课堂教学有一定的借鉴价值，对教师们的专业实践有更好的指导意义。

巧谱厚重课堂三部曲

——“三角形的内角和”的教学与思考

“教学有法，教无定法，贵在得法。”细细品味教育上的这番话，再次深谙其中的“教育至理”并深深地被前人的教育智慧所折服。数学教学说到底就是要解决这样的三个问题:“是什么”“为什么”“什么用”。在解决这些问题的过程中，选择什么样的教学策略，如何实施，并非千课一法，要依据教学内容和学生的学情而酌定。即好的教学“教无定法，贵在得法”。

“三角形的内角和”是小学数学中重要的教学内容之一，也是老师们赛课或公开教学时争相选择的教学课题。作为教研人员，我看了很多青年教师对这节课“大同小异”的演绎，通过对他们课堂进行多角度的剖析与反思，我有了新的教学“灵感”，用心谱写出了“三角形的内角和”课程教学的三部曲。

“是什么”——不必遮面直接现

“三角形的内角和是 180° ”是三角形的内角和定理，也是三角形的一项重要性质。作为一个固定的数据和重要的数学结论，多数学生课前通过不同的学习渠道应该有所了解。但老师们在设计教学时，总是愿意先给它蒙上神秘的面纱，然后再通过“猜想”“验证”等学习活动逐层揭开。于是，课前便产生了“学生万一一开始就说出来了怎么办”的担忧，课上，有的老师对个别学生的“一时冲动”给予搪塞——“你知道的可真多”，有的老师对学生的“不请自答”给予严厉的眼神——“你发言举手了吗”，有的老师对学生高举的小手以手势示意——“请你们先把手放下来”……总之，他们不想让学生打乱了自己“千呼万唤始出来”的教学预设，想让学生产生“‘三角形的内角和是180°’这一知识点是我们发现的”这一自豪感。

诚然，老师们的想法符合新课程的理念——让学生充分经历数学知识的产生、发展和形成过程，进而培养学生良好的数学情感。但我认为，教学方法的选择和使用一定要视内容和学情而定，其中对学生充分的研读尤为重要。“三角形的内角和是180°”这一知识点多数学生课前已经知道，既然如此，我们的教学就不必“遮遮掩掩”，而应该“以学定教、顺学而导”。下面是我的教学处理：

黑板上事先由上而下出示如下三种三角形（锐角三角形、直角三角形和钝角三角形）：

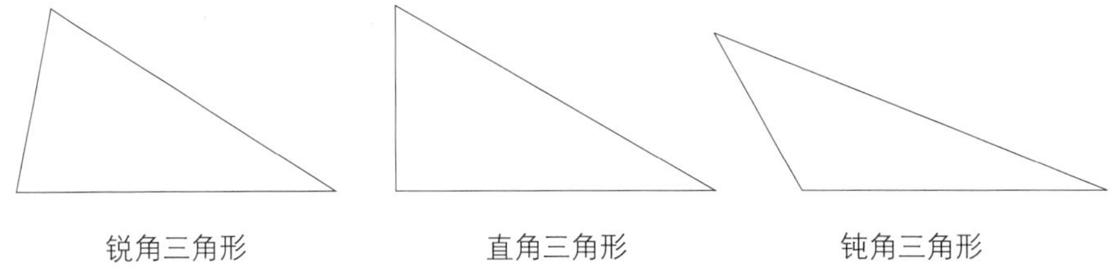

锐角三角形　　直角三角形　　钝角三角形

师：同学们，这是我们认识过的三角形，通过学习，我们知道，三角形都有三个角。这三个角，都叫作三角形的“内角”。根据内角的特点，我们可以把三角形分为锐角三角形、直角三角形和钝角三角形。认真观察这三类三角形，它们的内角有什么相同点和不同点？

生：相同点是都有两个锐角，不同点是最大的角分别是锐角、直角、钝角。

师：为什么锐角三角形中有三个锐角，而直角三角形中只有一个直角，钝角三角形中只有一个钝角？还有，虽然每种三角形中较小的两个角都是锐角，这两个锐角之和一样吗？

部分学生急忙举起小手：老师，我知道！我知道！

师：哦，这么多同学都知道啊！这些问题其实都跟三角形的内角之和有关，是吗？（板书课题）

生：是！

师：三角形的内角和是一个固定的数，你们知道是多少吗？

部分学生：180°！

师：说得对！（师随即板书结论）

学情是教学的重要依据，这第一部曲就是依据学生已掌握的三角形的分类、内角特点等知识，创设出一个引导学生开门见山的学习环境，使学生上课伊始就知道本节课要学习的知识，即“知其然”。

“为什么”——转轴拨弦三两声

“三角形的内角和为什么是180°？”中学数学中有严格的证明。作为小学生，虽然不能完全证明，但完全可以通过力所能及的方式来进行初步的验证，而这最能够体现新课程的要求。作为教师，我们应该如何让学生在能力允许的范围内“知其所以然”？教学该怎样“基于学生”“服务于学生”又“诱发学生”？

带着上述思考，我这样处理了这一教学环节：

师指板书问：三角形的内角和是180°，看到这个度数，你马上会想到我们认识的什么角？

生：平角。

师：也难怪，平角的度数也是180°。（师随即在黑板上画出一个平角）

师：知道了三角形的内角和是180°，我们的学习才刚刚开始，因为数学的学习，我们不能仅仅知道数学知识“是什么”，还要弄清楚——

生抢答：“为什么！”

师：看来，你们都是会学习的孩子，是学习上的有心人！现在，你们一定最想知道，三角形的内角和为什么是180°？为什么和平角的度数是一样的？我猜得对吗？

生一致同意：对！

师：那你们自己有什么办法能搞明白呢？

（学生开始若有所思）

稍后，师提出：谁有好办法愿意推荐给大家？

多数学生：量一量三个内角的度数，再加起来看和是不是180°。

一生补充：直角三角形就不用量三个角了，只量两个锐角就可以了。

师：除了量和算，还有别的方法吗？

只有一个学生拿出直角三角形示意：可以把两个锐角折到直角处，正好能拼成90°，三个角合起来就是180°。

师顺势问：好方法！直角三角形能这样验证，其余两种三角形能吗？

多数学生摇头。

看学生说不出更好的方法，我便放手让学生自主探究：刚才，大家相互交流了自己的方法，其实，我们的课本中也给大家介绍了一些好方法，你们也可以学习和借鉴。下面，就请你们选择其中的方法对手中的任意三角形的内角和进行验证。

学生或测量或折拼，或独做或合作，自主学习真实、扎实。

教师组织学后交流：刚才的学习中，哪些同学用的是“测量”的方法？你们的结果怎么样？

多数学生为180°，少数学生为170°、181°、178°、190°等。

师：三角形的内角和明明是180°，为什么他们的结果不是？谁来解释一下？

学生争相解释：“肯定是测量时没量准！”“说不定是读数时，把量角器上的刻度读反了。”“是不是加的时候算错了？”“他们剪的三角形肯定不标准，边不直！”“测量时有误差，不会那么准确。”“离180°接近的还好说，是因为误差，差得远的肯定是不认真！”

看学生如此“帮我解围”，我真庆幸这个皮球“踢”得值！

师：除了“测量”，有用别的方法验证的吗？

学生用他们手中的学具，演示了“折拼”“撕拼”等验证方法。

师：看来，向书本学习，也是一种好办法！把每种三角形的三个内角拼在一起，都正好能组成一个平角！难怪它们的和是180°！数学，真有说不出的神奇！

师："三角形的内角和是180°"，这是三角形的一个重要的性质，今天我们只是用自己想到或学到的实验的方法，对有限个三角形的内角和进行了初步的验证。这个结论对所有的三角形都成立吗？这还需要更严密的证明，以后进入中学，你们就能学到这种证明的方法，让我们一起期待今后更有意义的数学学习，好吗？

如果认真研读学生学情就会发现，多数学生对结论的验证方法仅限于"测量"，"折拼""撕拼"等方法对学生的实际操作能力要求很高，至于距严密的证明就更远了。这第二部曲就是创设了一个让学生自主探究的学习环境，除了让学生根据已有经验，用"测量"的方法验证三角形的内角和是180°外，还特别注意引导学生向书本学习，也就是引导学生学习前人的间接经验，用"折拼"或"撕拼"的方法来验证，同时逐步培养阅读数学课本的好习惯。至此，"为什么"的教学告一段落。学生也从教学过程中明白，这一内容是实验几何的结束，又是论证几何的开始。

"什么用"——此时无声胜有声

怎样用"三角形的内角和是180°"解决具体问题，这也是教学的重点。但多数教师的课堂因为前面"验证"费时，至此便一掠而过，草草收场。他们认为，之所以确定"此处从略"，不只是时间不够，更多的原因是教材中所要解决的问题都很简单，教师没啥可讲，学生完全可以课下学习。

而我却认为，我们应该在此环节做做文章，我的教学如下。

师：通过刚才的学习，我们不仅知道了"是什么"，而且知道了"为什么"，接下来，我们要认真来关注，学习三角形的内角和有"什么用"。

师指黑板上的三个三角形：谁能告诉大家。为什么锐角三角形中有三个锐角，而直角三角形中只有一个直角，钝角三角形中只有一个钝角吗？

（生答略）

师：每种三角形中较小的两个锐角合起来比，和一样吗？

生：直角三角形中两个锐角正好等于 90°，锐角三角形中两锐角之和大于 90°，钝角三角形中两锐角之和小于 90°。

师：如果告诉三角形其中两个内角的度数，你能知道第三个角的度数吗?

生：可以。

师：在直角三角形中，想知道第三个角的度数，需要告诉你几个角的度数?

学生通过争论达成共识，直角度数已知，只需要告诉一个未知角就可以求另一个未知角了。

师：已知其中一个锐角是 40°，你怎样求出另一锐角?

多数生：180° −90° −40° 或 180° −（90° +40°）。

少数生：90° −40°。

师：我们已经知道了直角三角形中两锐角之和是 90°，所以可以一步求出。

师：其实，我们知道，三角形除了按角的特点分类，还可以按边的特点分类，想想看，按边可以怎么分?

生：可以分为等腰三角形和等边三角形。

师纠正：根据三角形中边是否相等，可以把三角形分为不等边三角形和等腰三角形两类，而等边三角形属于特殊的等腰三角形（教师随即在相应位置板书）。其实，刚才黑板上的三个三角形都属于不等边三角形。

师：通过刚才的学习我们发现，在不等边三角形中，除直角三角形外，知道两个角的度数，才能求出第三个角的度数。那等腰三角形中呢?（师出示一个等腰锐角三角形）

生：正好相反，只告诉一个角的度数，就可以知道其余两个角是多少。

老师出示题目，锐角三角形的一个底角是 80°，学生用 180° -80° ×2 求顶角。接着又出示一等腰钝角三角形，给出顶角 120°，学生用（180° -120°）÷2 求底角。告诉学生，此钝角三角形正好与红领巾的三个角度数一样。

师：如果是等腰直角三角形呢?

生：每个角的度数我们都知道。

师：直角你们当然知道了，这两个锐角呢?

生：都是45°！90°÷2。

师：又有了简便的方法！等腰直角三角形，它的三个角的度数是确定的，我们常用的三角板中就有这样的三角形。

师：还有一个最特殊的等腰三角形（出示等边三角形），它的每个角是多少呢？

生：都是60°！180°÷3。

师：如果按角分，它应该属于哪种三角形呢？

生：锐角三角形。

老师完善板书。

三角形的内角和（180°）

	不等边三角形	等腰三角形（等边三角形）
锐角三角形	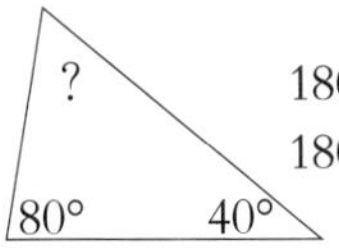 ?、80°、40° 180°−80°−40° 180°−（80°+40°）	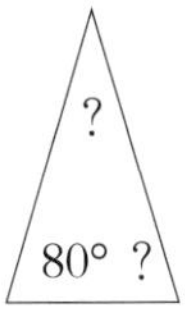 ?、80°、? 180°−80°×2 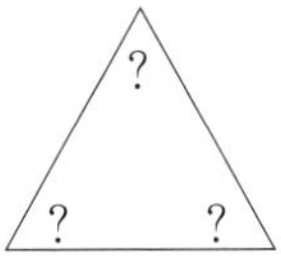 ?、?、? 180°÷3＝60°
直角三角形	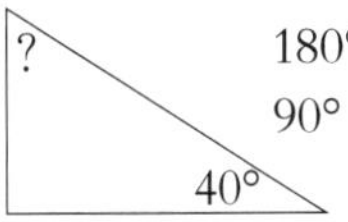 ?、40° 180°−90°−40° 90°−40°	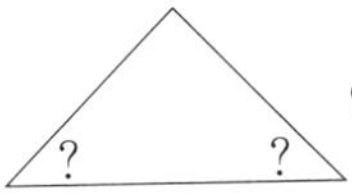 ?、? 90°÷2＝45°
钝角三角形	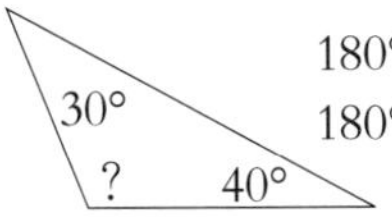 30°、?、40° 180°−30°−40° 180°−（30°+40°）	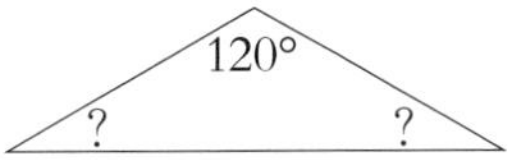 120°、?、? （180°−120°）÷2＝30°

根据板书，教师引导学生总结归纳：在应用三角形的内角和解决实际问题的过程中，要依据三角形的特点灵活选择简便的方法。虽然三角形的分类标准不同，分得的结果也不一样，但它们之间还是有着非常紧密的联系的！

最后，教师拓展课堂知识，鼓励同学利用所学的三角形的内角和相关知识去发现四边形、五边形等其他多边形的内角和，进一步感受这堂课的神奇魅力！

学习的最终目的是为了应用，即学以致用。应用不是单一的巩固和练习，它需要举一反三、触类旁通，最终达到用实、用活、用透。这第三部曲就为学生创设了一系列有价值的问题解决情境，把所学知识置于相关的知识体系中，由近及远、由一般到特殊、由基础到复杂、由部分到整体、由孤立到联系，学生在应用中体悟着数学的价值，感受着数学的魅力。

在巩固中感知，在合作中探新

——“真分数和假分数”的教学与思考

教学实录

一、复习铺垫

师：同学们，上节课我们学习了分数的意义，谁来说一说，分数的意义是什么？

生：分数就是把单位“1”平均分成若干份，表示这样的一份或者几份的数。

师：你知道$\frac{2}{3}$表示的意义吗？

生：$\frac{2}{3}$表示把单位“1”平均分成3份，表示这样的2份。

师（出示圆片）：每个同学手中都有一个同样大小的圆片，如果把它看作单位“1”，你能用它表示出分母是4的分数吗？

生（异口同声）：能！

师：怎样得到分母是4的分数呢？

生：把圆片看作单位“1”，先上下对折，再左右对折，也就是先把它平均分成四份，表示出其中的几份就可以得到分母是4的分数了。

师：你的思路可真清晰！我还想知道，分母是4的分数，你们都能得到哪些呢？

生：可以得到$\frac{1}{4}$、$\frac{2}{4}$、$\frac{3}{4}$、$\frac{4}{4}$。

师：能得到这么多分母是 4 的分数啊！那好，下面就请大家拿出你的圆片和彩笔，小组内四个同学分工，每人表示出一个分母是 4 的分数，比一比，哪一组又快又好！

二、教学新知

1. 引导感知

师：哪个小组愿意把你们表示的分数展示给大家？（选择一组学生的作品展示在黑板上）

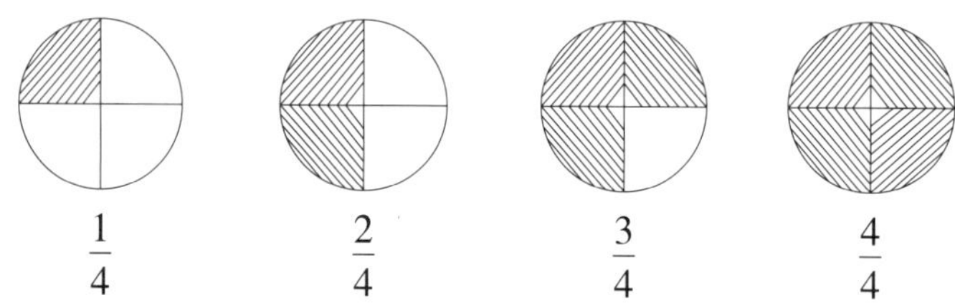

$\frac{1}{4}$　$\frac{2}{4}$　$\frac{3}{4}$　$\frac{4}{4}$

在学生逐一展示回答的基础上，师重点引导学生观察。第四个与前三个分数不同，$\frac{4}{4}$表示把单位“1”平均分成四份，表示出这样的四份。也就是表示的份数和均分的份数同样多，正好是一个单位“1”。

师：同学们小组合作，这么快就表示出了这么多分母是 4 的分数！

师：看大家对分数的意义掌握得这么好，张老师倒有一个难题想考考你们，你能只用你自己手中的这一张圆片表示出$\frac{5}{4}$（板书：$\frac{5}{4}$）吗？

生：能！不能！（学生出现了异议，教师请说“能”的学生谈想法）

生：把这张圆片平均分成五份，表示出四份就是$\frac{5}{4}$了。（有学生认为这样不对）

生 1：他刚才表示的分数是$\frac{4}{5}$，不是$\frac{5}{4}$。因为$\frac{5}{4}$的意义是把单位“1”平均分成四份，要表示出这样的五份。

生 2：我觉得用手中这一张圆片不能表示出$\frac{5}{4}$。你想吧，一共才平均分成四份，怎么着也表示不出这样的五份啊!

（学生意见大都统一起来，嘴里小声嘀咕："就是!"）

师：大家的意思我明白了，一共才有四份，却要表示出这样五份，显然是超过这一个单位"1"的能力了，真够难为它了（师生都笑了），也真够难为大家了。不过，当一个人的能力有限时，你们应该想到什么呢？应该怎么办呢？

生陆续恍然大悟：哦!

师故作惊讶：有办法了吗？

生：我们小组内两个同学的圆片合起来能表示出$\frac{5}{4}$!（两人同时出示学具：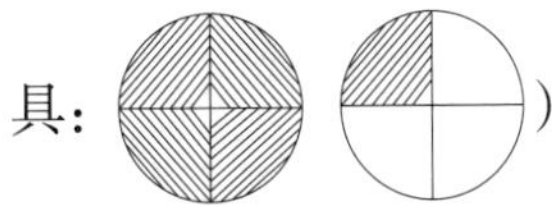）

生：我们也是用两个同学的圆片来表示的，不过是这样的：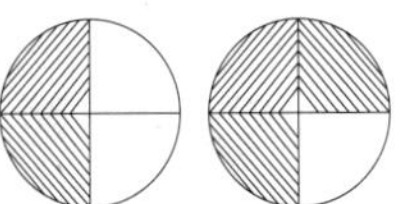

师（用非常佩服的口吻）：哎呀，同学们可真是好样的！果然没有被张老师难倒！当一个人学习有困难时，你们想到了同伴。没有再准备新的圆片，也没有再动手折一折，涂一涂，小组内的同学合作起来就解决了"表示出$\frac{5}{4}$"这样的难题。看来，还是团结起来力量大啊!

师：用两种方法都可以表示出$\frac{5}{4}$，你认为哪种表示更好一些呢？

生：第一种好，因为这样表示一看就清楚，先把一个单位"1"的四份全部表示完，再从第二个单位"1"中表示出一份就是这样的五份了。

多数同学表示同意他的观点，师选择第一组学生的学具规范地展示在黑板上：

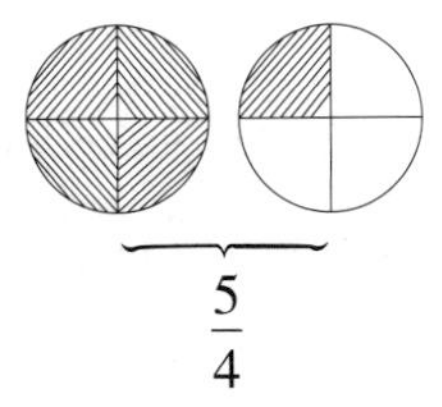

师逐一追问：你们小组内能用圆片表示出$\frac{6}{4}$、$\frac{7}{4}$吗？借用学生的学具依次接前板书展示：

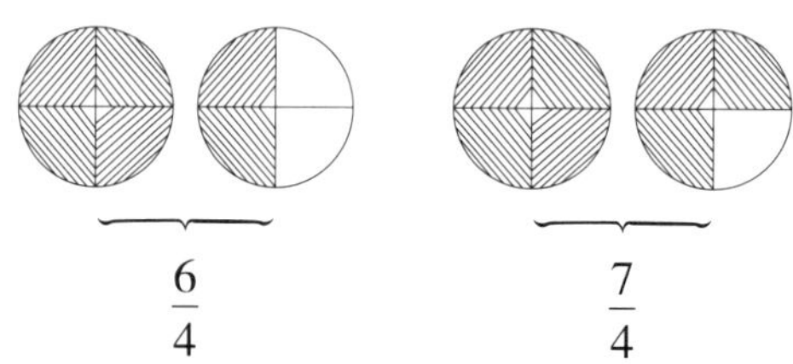

师：不能再动笔涂色，你们小组内能表示出$\frac{8}{4}$吗？

受刚才学习的启发，同学们先是思考，然后很快就识破老师的用意，马上想到与其他小组合作，表示出了$\frac{8}{4}$。

师追问：两个小组合起来还能表示出哪些分数？

生：还能表示出$\frac{9}{4}$、$\frac{10}{4}$、$\frac{11}{4}$。

师：那三个小组的合起来，全班的合起来，又能表示出多少个分母是 4 的分数呢？

生：能表示出很多很多个。

师接前板书：……

师：同学们，一张小小的圆片，加上同学们集体的智慧，竟让我们从中认识了这么多的分数！看来，集体的智慧是无穷的！希望同学们在以后的学习中继续团结协作，相互启发，共同进步！

2. 揭示新知

师（指板书引导学生横向观察）：请同学们认真观察黑板上的这些分数，它们有什么共同点和不同点呢？

生：它们的分母相同，都是 4，但是分子不同。

师（指每个分数引导学生纵向观察）：认真观察每个分数，它的分子与分母 4 比，都有什么不同呢？

生：有的分子小于 4，有的分子等于 4，还有的分子大于 4。

师：也就是说，$\frac{1}{4}$、$\frac{2}{4}$、$\frac{3}{4}$这三个分数的分子比分母小，$\frac{4}{4}$的分子和分母相等，$\frac{5}{4}$、$\frac{6}{4}$、$\frac{7}{4}$等后面的分数的分子都比分母大（边概括边板书：分子<分母；分子=分母；分子>分母）。

师：我们把分子比分母小的分数叫真分数（板书：真分数）；把分子和分母相等以及分子比分母大的分数统称假分数（板书：假分数）。

师：请同学们再来观察和思考，根据它们所表示的意义，你能发现真分数与 1 有什么关系吗？假分数呢？

生：我发现，真分数都小于 1，假分数等于 1 或者大于 1。

3．巩固新知

师：你能很快地判断出下面的分数中，哪些是真分数，哪些是假分数吗？

（教师用卡片逐一出示下列分数：$\frac{2}{7}$、$\frac{10}{10}$、$\frac{23}{8}$、$\frac{21}{20}$、$\frac{99}{100}$、$\frac{45}{6}$、$\frac{1}{4}$）

师：同桌之间互相说出一些分数，让对方判断它是真分数还是假分数。（学生交流）

师：分母是 9 的最小真分数是几？最大真分数呢？最小假分数呢？有没有分母是 9 最大的假分数？分子是 9 的最大假分数是几？最大真分数呢？

三、总结沟通

师：通过这节课的学习，我们不但进一步理解了分数的意义，知道分数分为真分数和假分数两类，而且认识了真分数和假分数：真分数是分子比分母小的分数，它小于 1；假分数是分子等于分母或分子比分母大的分数，它等于或大于 1。学习真分数和假分数对我们今后进一步学习分数的知识有着非常重要的作用，希望同学们很好地理解和掌握它。

四、板书设计

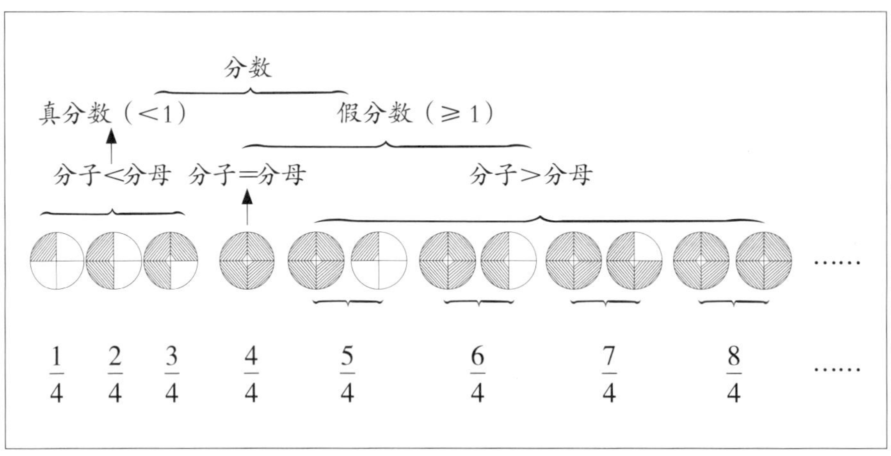

教学反思

“真分数和假分数”是传统的教学内容。在新课程理念的指导下，本节课与传统教学比，有以下几点突出的改变：

第一，合理调整教材的教学顺序，引导学生在已有知识的基础上充分地感知。

教材是在教学完“分数的产生”“分数的意义”“分数与除法的关系”的基础上再教学“真分数和假分数”的。在实际教学中，为了让学生更加充分地理解和掌握“分数的意义”，也为教学“分数与除法的关系”提供更丰富的素材，我将教材的顺序进行了适当的调整，教学完“分数的产生”“分数的意义”后，紧接着就教学“真分数和假分数”，然后再教学“分数与除法的关系”。

因为本节课的教学内容比较简单，学生容易理解和接受，很多教师感到没什么可教的。在设计时，考虑到真分数、假分数与分数的密切联系，我把大量的时间放在了引导学生对分数意义的理解和应用上。通过“利用圆片表示出分母是 4

的分数”的一系列练习，不仅使学生进一步巩固和理解了分数的意义，同时也为新知识的教学做好了充分铺垫。学生在练习的过程中对新知识已经有了充分的感知，本节课对真分数和假分数的教学也水到渠成，非常自然。

第二，巧设情境，有效地培养了学生的合作学习意识和能力。

在“利用圆片表示出分母是 4 的分数”这一学习过程中，通过一系列问题情境的创设，实现了真正意义上的“合作学习”。我先是根据学生已有的知识基础，要求学生每人只用手中的一张圆片，小组内四人分工分别独立表示出$\frac{1}{4}$、$\frac{2}{4}$、$\frac{3}{4}$、$\frac{4}{4}$；接着以“有难题考考大家”的形式，启发、引导学生想到在每人不增加圆片的情况下，组内学生互相合作表示出$\frac{5}{4}$、$\frac{6}{4}$、$\frac{7}{4}$；然后自然想到通过小组合作的方式表示出$\frac{8}{4}$、$\frac{9}{4}$、$\frac{10}{4}$、$\frac{11}{4}$，全班合作又可以表示出更多的分母是 4 的分数。这使合作学习意识和能力的培养在教学中得到了有机的渗透，使学生在学习过程中也真切地感受到了合作学习的优质和高效。

第三，注重沟通和联系，培养学生良好的数学情感。

在教学完新知识后，我将真分数和假分数及时地与分数进行了沟通和联系，让学生明白分数分为真分数和假分数两类。这两类是后续学习分数有关知识的重要基础。通过沟通，让学生进一步感受到数学知识之间的密切联系，形成系统的知识结构。

在不变中求变，在变中求厚重

——“分数的基本性质”两次对比教学与思考

第一次教学——1995 年的参赛版

我对教授“分数的基本性质”这一传统的教学内容深有感触。1995 年，我凭借对这节课的精彩演绎获得了河南省第二届小学数学优质课评比的一等奖。我与指导教师合著的《“分数的基本性质”教学设计与评析》一文也在《小学数学教育》1997 年第 4 期全文发表。这节课，似乎成了我的成名作。20 年前，我的这堂课一时间成了老师们争相模仿的优质课。

一、复习“商不变的性质”，引入新课

板书：18 ÷ 6 和 180 ÷ 60 相等吗？为什么？

二、教学新知

（一）借助观察操作，直观感知新知

1. 借助长方形卡片教具，观察得出$\frac{1}{3}=\frac{4}{12}$。

2. 学生动手“折纸条”，得出$\frac{1}{2}=\frac{2}{4}=\frac{4}{8}$。

3. 师生共同“用直线上的点表示分数”，得出$\frac{3}{4}=\frac{6}{8}=\frac{9}{12}$。

4. 直观感知上述三组分数：什么变了？什么不变？

（二）观察分析，概括总结分数的基本性质

1. 观察分析 $\frac{3}{4}=\frac{6}{8}=\frac{9}{12}$

从左向右看：$\frac{3}{4}$的分子分母怎么变化得到$\frac{6}{8}$？

$\frac{3}{4}$的分子分母怎么变化得到$\frac{9}{12}$？

分数的这种变化规律用一句话怎样概括？

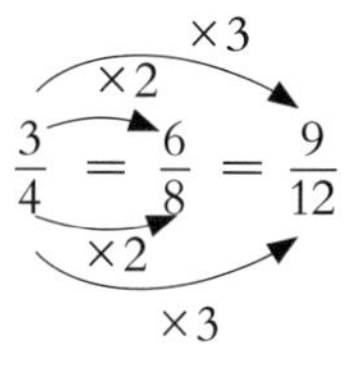

从右向左看：$\frac{6}{8}$的分子分母怎么变化得到$\frac{3}{4}$？

$\frac{9}{12}$的分子分母怎么变化得到$\frac{3}{4}$？

分数的这种变化规律用一句话怎样概括？

$$\frac{3}{4} \underset{\div 2}{\overset{\div 2}{=}} \frac{6}{8} = \frac{9}{12} \quad (\div 3)$$

2. 概括总结分数的基本性质

怎样把分数的两种变化规律综合在一起，概括总结出来呢？

（评价学生：“或者”一词用得好！）

这个“相同的数”是什么数都行吗？为什么？（补充“0 除外”）

这个规律怎样表述更完整、更严密呢？

书上是怎么总结的？这种变化规律叫什么？

（揭示并板书课题）

3. 强化理解分数的基本性质

通过对卡片上几组题目（见右侧算式）的介绍，向学生强调指出性质中“都”“相同”的重要性。

$$\frac{1}{10}=\frac{1\times3}{10}=\frac{3}{10}$$

$$\frac{4}{5}=\frac{4\div4}{5\div5}=1$$

$$\frac{2}{9}=\frac{2\times4}{9\times4}=\frac{8}{36}$$

$$\frac{10}{15}=\frac{10\div5}{15\div5}=\frac{2}{3}$$

（三）应用新知解答例题

怎样把$\frac{1}{2}$和$\frac{10}{24}$化成分母是 12 而大小不变的分数？（解答过程略）

三、练习应用，巩固新知

1. 根据分数的基本性质在括号里填上相应的分子或分母（略）。

2. 根据分数的基本性质判断说法是否正确（略）。

3. 以 $18\div6=180\div60$ 为例，沟通分数的基本性质与商不变的性质的联系。（略）

4. 发散练习：$\frac{4}{6}=\frac{(\quad)}{(\quad)}$

5. 游戏练习——抢卡片。男女生代表从 12 张分数卡片中分别抢走和$\frac{1}{2}$、$\frac{1}{3}$相等的分数。

四、整体回顾，总结全课

（知识、方法、思想等方面）

五、布置作业（略）

六、板书设计

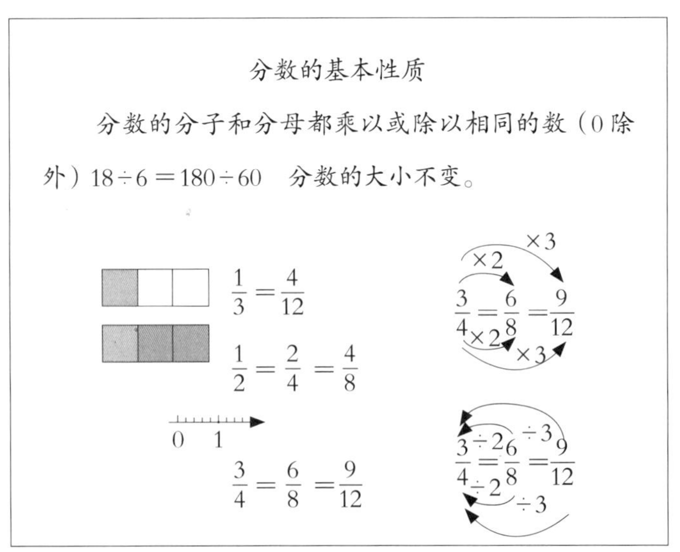

面对当年评委和老师们公认的“目标明确恰切，知识严谨缜密，思路条理清晰，过程扎实有效，练习丰富多样……”的评价，今天的我，不仅没有了当年的骄傲，反而陷入了深深的自问和反思：

1. 用课改的理念来审视，这真的是一节好课吗？

2. 我是在比葫芦画瓢地教教材，还是在真正读懂教材的基础上用教材教？

3. 我尊重学生的学情了吗？

4. 这节课的主角是谁？——我，还是学生？

5. 我给了学生多少主动学习的时间和空间？

6. “分数的基本性质”用得着师生这般“千呼万唤始出来”吗？

7. 概念教学是整体感知好，还是这样支离破碎地逐字逐句分析好？

8. 这节课除了让学生有知识上的习得，还让学生有哪些深层的感悟和收获？

9. 怎样将我引导性的碎问改为挑战性的发问？怎样才能设计出能“一石激起千层浪”的好问题？

10. 如何做到真正地“让学”给学生？

…………

带着这些思考，我对这节课的教学有了新的想法，随着思考的深入，我的教学思路也渐渐清晰。

第二次教学——2016 年的研讨版

一、揭示课题

师：同学们，今天我们一起来学习“分数的基本性质”。（板书课题）

二、复习旧知

师：看到课题，你能想到我们曾经学习过什么性质？

生 1：“商不变的性质”。

师生回忆并板书：被除数和除数都乘或者除以相同的数（0 除外），商不变。

师：根据这个性质，你能说出一些和 1 ÷ 3 相等的除法算式吗？

生举例：1 ÷ 3 = 2 ÷ 6 = 3 ÷ 9 =……

生 2：我还想到了“小数的性质”。

师生回忆并板书：小数的末尾添上 0 或是去掉 0，小数的大小不变。

生举例应用：0.5 = 0.50 = 0.500 =……

师沟通联系：看来，“商不变的性质”和“小数的性质”二者有相通之处，都是在变化的数学现象中蕴藏着不变的问题实质。

板书：　　变 ⟷ 不变

三、学习新知

（一）引出新知

1. 提出问题：“分数的基本性质”是什么？它是否如“商不变的性质”“小数的性质”那样，也在变化的数学现象中蕴藏着不变的问题实质呢？

2. 自学课本。

3. 交流并板书分数的基本性质的内容：

分数的分子和分母都乘或除以相同的数（0 除外），分数的大小不变。

（二）理解新知

1. 提出问题（在已有板书的基础上补充）：

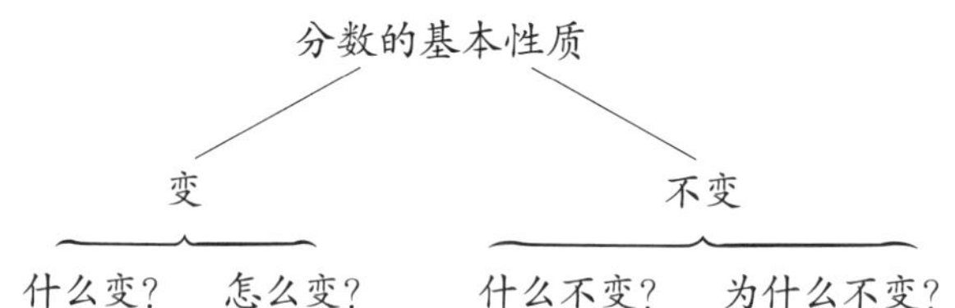

2. 问题分析

借助课本，结合实例，独立思考与小组讨论相结合。

什么变？怎么变？什么不变？这些问题学生很容易解决，可独立完成。

为什么不变？这个问题对学生来讲具有挑战性，是学生要突破的难题，需要讨论学习。

3. 交流分享

什么变？怎么变？什么不变？这三个问题大家意见一致，可简单交流。师生重点交流为什么不变？

（1）借助几何直观比较分数所对应的量的大小。

如学生借助课本上的图例，直观比较出三个分数所对应的面积的大小是相等的。

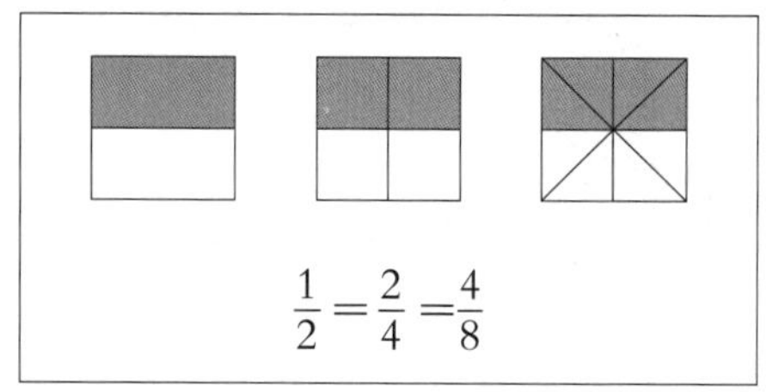

（教师可放手让学生全班交流分享）

（2）根据商不变的性质和分数与除法的关系，比较除法算式的商的大小。

如学生可借助板书中的除法算式 $1\div3=2\div6=3\div9$，推理出其分数形式的商是相等的。

$$1\div3=2\div6=3\div9$$

$$\downarrow\qquad\downarrow\qquad\downarrow$$

$$\frac{1}{3}\qquad\frac{2}{6}\qquad\frac{3}{9}$$

教师放手让学生全班交流分享。

（3）根据分数的意义（量与量之间的倍比关系）比较两个量之比或率的大小。

如借助下面的问题情境，引导学生理解部分与整体的倍比关系是一致的。

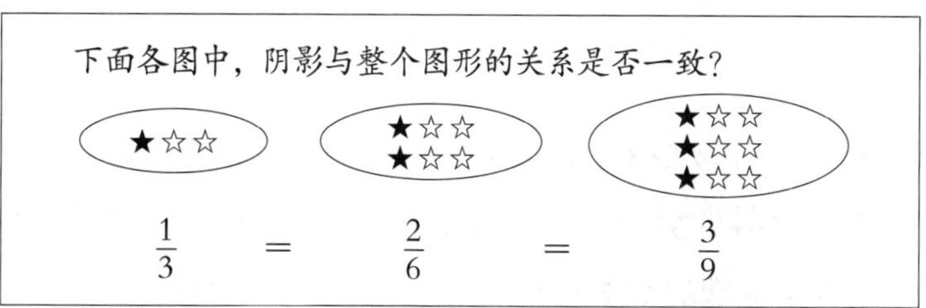

学情分析，学生能从分数意义的这个角度来思考问题的可能性很小。如果想让学生有所感受，建议教师参与交流，点拨引导。因为理解起来有一定难度，此环节不做教学要求，可视教学实情作为拓展学生思维的教学建议。

（三）强化新知

观察思考：$\frac{1}{3} \rightarrow \frac{10}{30} \rightarrow \frac{5}{10}$

分子分母分别这样变，分数的大小是否不变？为什么？

2. 练习应用：$\frac{1}{3}=\frac{(\quad)}{12}=\frac{12}{(\quad)}=\frac{(\quad)}{(\quad)}$

要想使分数的大小不变，分子、分母应该怎么变？

3. 小结提升

根据分数的基本性质解决问题，要注意万变不能离其宗，要学会以不变应万变。

（四）沟通联系

1. 提出问题

通过上述学习，我们已经发现，分数的基本性质与商不变的性质的实质是一样的。

它与小数的性质有内在的联系吗？

2. 学习讨论

3. 交流汇报

举例说明：

$$\frac{5}{10}=\frac{50}{100}=\frac{500}{1000}=\cdots\cdots$$

$$\uparrow \qquad \uparrow \qquad \uparrow$$

$$0.5=0.50=0.500=\cdots\cdots$$

小数可以转化成分母是 10、100、1000……的分数。在小数的末尾添上 0 或去掉 0，实质是把分数的分子、分母都乘或除以 10、100、1000……的情况，所以，小数的性质符合分数的基本性质，是分数的基本性质的一部分。

四、拓展新知

“分数的基本性质”与“商不变的性质”“小数的性质”这三个课程和三种性质相互间有着内在的联系。后续的数学学习中我们还会学到一些相关的性质，同样也与它们有着紧密联系。就让我们一起期待今后更精彩的数学学习吧！

五、板书设计

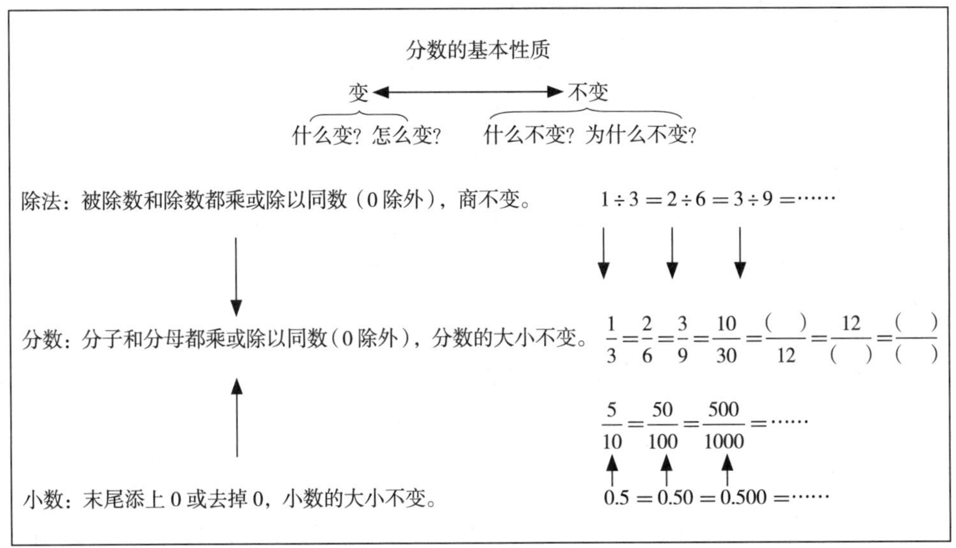

对比分析和思考

时隔二十年，再次执教“分数的基本性质”，我在努力地对比，也在认真地思考：两次教学中，变与不变的究竟是什么？

一、变的是什么？

1. 教学理念上有变化

（1）从教教材到用教材

第一次教学，我严格按照教材的编排流程，教学设计从教材的“复习建议”

引入，新知的学习遵照教材提出的问题，遵循学生由不知到知的认知规律展开，例题的教学也严格按照教材的规定等。

而第二次教学，我努力做出了改变：教材应该作为学生学习新知的一份资料。在学生想解决“分数的基本性质到底是什么”和“分数的分子分母这样变，分数的大小为什么不变”的问题时，教材呼之即出，成了学生学习急需的宝贵资料。当教材成为学生学习的需要时，它的作用才能真正地得以发挥。

（2）从“以知为本”到“以生为本”

说实话，第一次的教学，现在看来，字字句句还依然是那么严谨规范，毕竟，那是当时整个团队反复“推敲”出来的成果。可细想想，这些严谨规范的东西更多的是指向了教学的内容，也就是说，整个教学是“以知为本”的。

第二次的教学案例中，我把更多的精力放在了读懂学生上：

① 关于“性质”，学生已经有了哪些认知基础？这些认知对学习新知有何作用？

② 因为有了“商不变的性质”的课程基础，“分数的基本性质”一课对学生来讲理解和掌握并不困难，教学中有必要“遮遮掩掩”“千呼万唤”吗？

③既然学生对知其然（分数的基本性质是什么）并不困难，我们的教学能否尝试让学生知其所以然（分数的分子分母这样变，分数的大小为什么不变）？

④学生由商不变的性质推理出分数的基本性质，能否尝试推理它与小数的性质的联系？这样做能让学生进一步感受到知识间的联系与发展。

⑤一节数学课，除了让学生有知识的习得，还应该培养他们具有哪些学科的素养？

2. 教学方式上有变化

（1）变“我主讲”为“你主讲”

前后两次教学，我做出的最大转变就是真正“让学”。问题提出后，学生的学习成为自觉：他们或看书自学，或讨论互学，学习活动真正发生；面向全班展学时，学生能理解、能发现的方法（如直观比较“量的等”、推理比较“商的等”）一定让他们自己来交流，要相信学生的能力，给他们时间和空间。而对于有难度、有挑战性的问题（如抽象比较“比或率”）则可由教师适时参与引导，做真正意义上的学生学习的参与者和合作者。

（2）变“小问题”为“大问题”

原来的课堂中，教师的引导性“碎问”充满了整个课堂，学生在一个个“小问题”中应接不暇。新的教学，我重点围绕性质中的“变”与“不变”精心设计了核心的“大问题”——什么变？怎么变？什么不变？为什么不变？让问题引领学习的发生并逐渐走向深刻。

3. 教学细节上有变化

在学习材料上，变“一例”为“多例”，设计商不为有限小数的情况，丰富学生认识。教材中给出的是一组与$\frac{1}{2}$相等的分数（$\frac{1}{2}=\frac{2}{4}=\frac{4}{8}$），而我在教学中特意设计了 $1\div3=2\div6=3\div9$ 这样的除法算式，目的是在比较其商的大小时，这些算式的商不是有限小数，自然会以分数形式出现。

我还采用比较三个分数的方式，变“都与其中一个比”为“两两相比（出现乘小数的情况）”。在原来观察比较$\frac{3}{4}=\frac{6}{8}=\frac{9}{12}$的教学中，$\frac{6}{8}$、$\frac{9}{12}$都与$\frac{3}{4}$比，于是出现了分子分母都乘或除以的相同数都是整数的情况。新的教学中，我在这一环节特别引导学生对$\frac{1}{3}=\frac{2}{6}=\frac{3}{9}$的三个分数两两相比，出现了$\frac{2}{6}$与$\frac{3}{9}$之间分子分母同乘或除以小数的情况，更加完善了性质中“相同数”的内涵。

教学注重沟通联系，变“分数的基本性质”只与“商不变的性质”沟通，扩充为还要与“小数的性质”沟通。

小数与分数的紧密联系，必定会引起二者的性质也有内在联系。因此，在教学中，在充分相信学生的基础上，我放手做了大胆的尝试，课堂上，学生果真反馈给了我们欣喜。“注重数学知识之间的联系”“让不同的学生在数学上得到不同的发展”等课标理念得到了很好的落实。

在练习形式上变繁为简。前者的教学中，练习环节也是我设计的“重头戏”之一，先后共有五种形式多样、风格各异的习题，进一步帮助学生强化理解了新知。而后来的教学中，我考虑到学生对新知识的理解掌握速度很快，相对淡化了练习的设计，把时间放在了沟通新旧知识之间的联系等上面。

二、不变的是什么？

尽管在两次教学“分数的基本性质”中有诸多的变化，但静心思考，冷静分析，我们会发现，有一些东西是永远不会改变的，如：

1. 教学的核心内容不变。

2. 教学的目标与要求不变。

3. 教学中要渗透的数学思想方法不变（如数形结合、类比推理、恒等变形、相互关联、变中不变等）。

4. 教学中要培养学生的核心素养不变（如几何直观、数学抽象、数学推理、数学建模、数学表达等）。

“分数的基本性质”中，变化的是数学现象，不变的是问题的实质。同样，在“分数的基本性质”不同版本的教学中，变化的是理念、形式或策略，而永远不变的，则是数学的本质和教学的本质。

此刻，耳边响起了杨宗纬的歌曲《我变了，我没变》：“我做了那么多改变，只是为了我心中不变……”让我们的数学教学在不变中求变，在丰富多彩的变化中更加追求深刻和厚重。

构建小学数学“厚重文化课堂”的思考与尝试

——“趣话长度单位”的教学与思考

课前思考：我为什么要上这节课？

首先，师生在“长度感”或“距离感”上的欠缺，提醒我们教学上需要加强。

长度单位的重要教学目标之一就是培养学生的数感和空间观念。在课堂教学中，教师反复结合实物或实例引导学生感知 1mm，1cm，1dm，1m，1km 的长短，但在实际生活中，学生（包括教师）在估测某段长度或路程时还是会出现比较大的误差。我和几位老师曾共同估测从我市火车站沿某条路向东 1km 处大约会在哪里，大家争辩后，一致决定骑计程电车进行现场测量，发现大家一致认同的估测答案跟正确答案竟然相差约 300m。教师尚且如此，我们的学生又会如何呢？学生在第一学段虽然对长度单位已经有了认识，但对这些单位的理解和使用能力还有欠缺，对长度的感知和空间观念的建立还需要进一步加强。

因此，我想到了要上这样一节关于长度单位的“加强课”。

其次，数学文化已经植根于我们的生活，提醒我们教学时需要传承。

改革开放以来，我们与国际接轨，数学的学习也不例外。很多单位的认识都选择了国际上通用的公制单位。如，长度单位的毫米、厘米、分米、米、千米等，面积单位的平方毫米、平方厘米、平方分米、平方米、公顷、平方千米等，质量单位的克、千克、吨等。这些单位正式编入教材，走进师生的教学中，学生也在学习中不断对它们有了感知和理解。但千百年来形成的我们国家独有的计量方式已经深深地植根于我们的生活之中，时时在影响着我们。如，我们的市制单位寸、尺、丈，里和公里，亩和公亩，斤和两等，依然和我们的生活息息相关。不仅“得寸进尺”“万丈深渊”“半斤八两”“斤斤计较”等成语中有着它们的影子，生活中还会把它们作为文化资源传承下去。一寸有多短？一尺有多长？一里有多远？一两有多轻？一斤有多重？……这些问题一定会在学生的脑海中不断呈现。可教材上没有，教学中没有这样的“任务”。怎么办？我们是避而不谈，还是把这些宝贵的“文化”传承给学生？

于是，我又有了新的教学灵感——借助对公制长度单位的练习之机，补充介绍市制长度单位。通过学科间的融合，要上一节关于长度单位的拓展课。

最后，“厚重课堂”的研究理念和教学主张，要求数学课要突出“文化味儿”。

《义务教育数学课程标准（2011版）》明确指出：“数学是人类的一种文化，它的内容、思想、方法和语言是现代文明的重要组成部分。”作为文化的数学，它不仅为自然界的认识提供了必要的工具、认识框架和思想方法，而且还在不断的发展过程中充满着创新的精神和理性的光辉。

在小学数学“厚重课堂”的研究中，我们提出“厚重课堂”要突出“五味儿”——数学味儿、生活味儿、文化味儿、趣味儿、人情味儿。文化味儿便是其中之一。数学文化因其充分展示了数学知识发生、发展及其应用的过程，体现了数学与生活的联系，体现了数学的人文价值，所以，应该引进小学数学课堂，渗透到实际的数学教学中去，使学生在学习数学的过程中真正受到文化的感染，产生文化的共鸣，体会数学的文化品位。

如何挖掘数学的文化因素，彰显数学的文化内涵，从文化视角看数学，在教学中践行并彰显数学的文化本性，让文化成为数学课堂的一种自然本色呢？

随着对这些教学理念的深入学习和思考，我的教学思路也愈加明晰——要上一节关于长度单位的文化课。

教学尝试：我是如何设计和执教这节课的？

一、教学目标

1. 巩固公制长度单位，补充了解市制长度单位。

2. 在梳理和拓展的过程中沟通两种长度单位的联系，感受数学知识间的联系与发展。

3. 了解长度单位的相关历史，渗透数学文化；密切数学与生活的联系，感受数学的应用价值；激发对数学史的兴趣，培养良好的数学情感。

二、教学过程

（一）巩固梳理公制长度单位（法定计量单位）

1. 我们学过的长度单位有哪些？（卡片无序出示学过的五个长度单位）

2. 你能用这些单位“造句”吗？如：我的两臂伸开的长度大约有 1 米；橡皮的长度大约有 5 厘米。

3. 根据一个长度单位的大小，你能给它们“排队”吗？（根据进率排序进行板书，并补充：十米、百米）

10　　10　　10　　10　　10　　10

毫米—厘米—分米—米—十米—百米—千米

4. 揭示：这些都是国际上通用的长度单位，叫公制长度单位，也是法定的计量单位。

这些单位在我们的日常生活中经常用到，还有更小和更大的公制长度单位会在更精密或更高端的研究中用到。

补充板书：

……—毫米—厘米—分米—米—十米—百米—千米—……

作为复习，本节课先对学过的公制长度单位进行了相关的巩固和梳理。在用单位“造句”的环节中加强对知识的巩固。在给它们“排队”的过程中让学生进一步认识到除了米和千米之间的进率是 1000，其他每两个相邻单位间的进率都是 10。因此鼓励他们大胆猜测：米和千米之间一定还有两个“队员”，它们分别是谁呢？在学生猜测的基础上，教师引出十米和百米。让学生知道，这两个单位虽然不常用，但是存在的。这样，从毫米到千米，每相邻两个长度单位间的进率都是 10。在此基础上，再指出还有更小和更大的长度单位存在于更精密或更高端的科技研究领域中。通过这样的完善和拓展，使长度单位这一知识形成了较完整的体系。

（二）了解市制长度单位

1. 引出市制长度单位

教师明确指出，在国际上统一单位之前，各国都有自己制定的单位。关于长度单位的历史，我们国家就经历了漫长的发展过程，也形成了我们独有的数学文化。今天，我们就一起来了解其中的一部分。

（1）身体上的单位。

古人最早用身体中的长度作单位来测量，如拃、步、庹等。

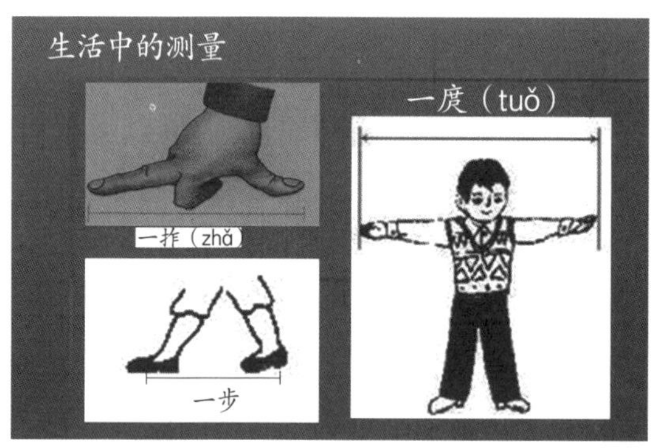

（2）统一长度单位来测量——市制长度单位。

因为每个人的身体情况不同，测量标准很难统一，给交流带来很多不便。所以，就产生了统一长度单位的需要。也就有了我们国家自己规定和使用的单位——市制单位。

2. 认识市制长度单位——寸、尺、丈

（1）市制长度单位有相当长的使用历史，直到今天，我们的生活中依然有它

们的影子。我们一起来认识几个“老朋友”。

（2）从成语中找出寸、尺、丈并猜测其大小，揭示其相邻进率为 10。

$$\text{寸}\xrightarrow{10}\text{尺}\xrightarrow{10}\text{丈}$$

（3）沟通市制与公制长度单位的关系，出示米尺和市尺，让学生直观感知 1 米等于 3 尺。

由此关系推算出：1 尺≈ 3.33 分米　　1 寸≈ 3.33 厘米　　1 丈≈ 3.33 米

（4）感知 1 寸、1 尺、1 丈的长短。

借助软尺感知 1 尺、1 寸有多长，再找找身体或周围哪些长度大约 1 寸或 1 尺，用尺或寸作单位估测，用软尺测量相关的长度，借助卷尺感知 1 丈的长度或高度。

（5）感受寸、尺、丈在生活中的应用（读写姿势；测量腰围；丈量土地等）。

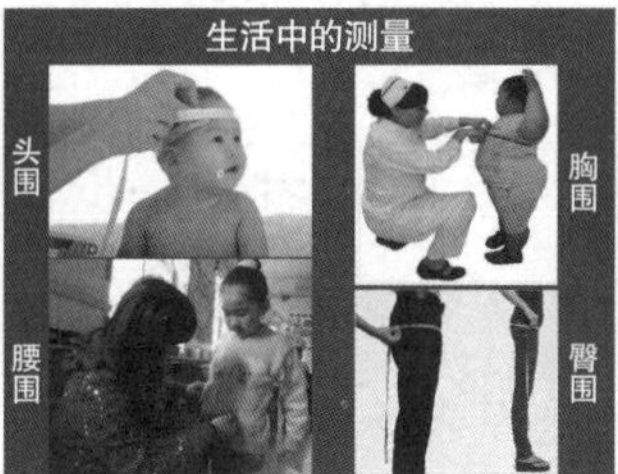

（6）问题激趣，解疑拓展。

围绕以下问题让学生思考、讨论、交流。

问题一：“男子汉大丈夫”——难道男人有 1 丈（3.33 米）高吗？

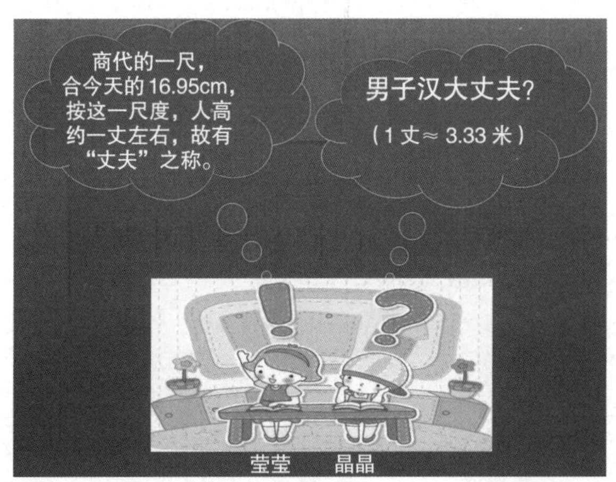

问题二：“堂堂七尺男儿”——男儿大约都有（33.3×7）2 米多吗？

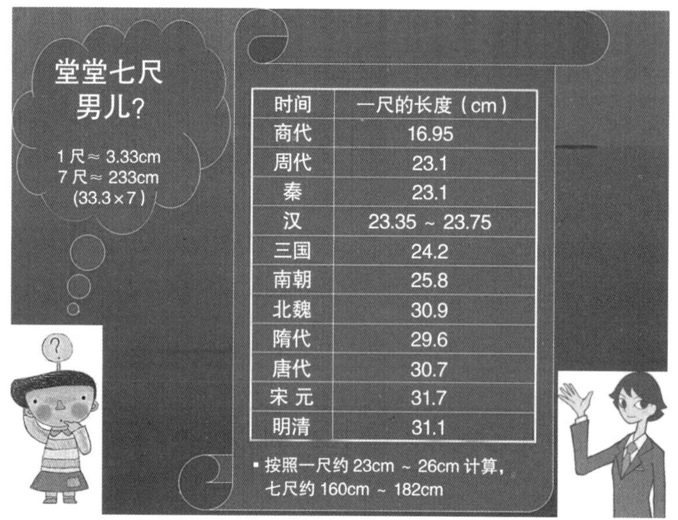

时间	一尺的长度（cm）
商代	16.95
周代	23.1
秦	23.1
汉	23.35 ~ 23.75
三国	24.2
南朝	25.8
北魏	30.9
隋代	29.6
唐代	30.7
宋 元	31.7
明清	31.1

▪ 按照一尺约 23cm ~ 26cm 计算，七尺约 160cm ~ 182cm

在学生了解了相关知识后，为了让学生进一步了解史实，我设计了两个质疑历史的问题激发学生的学习兴趣：“男子汉大丈夫”——难道男人有 1 丈（3.33 米）高吗？“堂堂七尺男儿”——男儿大约有（33.3×7）2 米多吗？借助这两个问题，自然渗透数学文化不断发展的历史，引导学生辩证理解数学史实。

3. 认识市制长度单位

（1）引出里和公里

除了寸、尺、丈，还有更小和更大的市制长度单位。里和公里就是其中较大的单位。

“万里长城”“两万五千里长征”“孙悟空一个跟头十万八千里”等表述中就有它们的影子。

（2）揭示单位间的进率

指出：1 里＝150 丈　　1 公里＝2 里

补充板书：

10　　10　　150　　　　2

……—寸— 尺 —丈—……—里—公里—……

（3）沟通市制与公制单位间的联系

由：1 公里＝1 千米　推理：1 里＝500 米

举例感知：从_____到_____的距离大约 1 里

从_____到_____的距离大约 1 公里

本节课的教学中，利用了较多的时间补充了相关的市制长度单位。通过介绍，让学生认识了寸、尺、丈、里、公里等市制单位，对生活中常见到、常听到但不认识或不了解的数学知识有了初步的认识。通过与公制长度单位的沟通，让学生对相关市制长度单位有了进一步的感知：1 寸≈3.33 厘米，1 尺≈3.33 分米，1 丈≈3.33 米，1 里＝500 米，1 公里＝1 千米。在沟通中建立联系，在联系中培养了一定的数感。

（4）长征数据分析

课件出示中国工农红军长征路线图

换算：25000 里＝12500000 米＝12500 千米

25000 里＝12500 公里＝12500 千米

看路线图直观感受其长度。据军史专家姜廷玉考证，各路红军长征的总行程达 60000 余里，合 30000 余千米。

漫漫险路，雪山草地，忍饥饿寒冷，冒枪林弹雨，红军战士坚定信念，精诚团结，吃苦耐劳，不怕牺牲，以顽强毅力夺取胜利。

同学们应该怎么做?

长征是中国工农红军用鲜血和生命谱写的一部壮丽史诗。这部史诗常被数据来代言——25000 里。在学生的概念里，25000 里的行程一定很长，但究竟有多长？他们没有太多的感觉。本节课中，因为对里有了认识，所以有必要把长征行程的数据拿来，让学生通过数据换算来感知：25000 里＝12500000 米＝12500 千米，或 25000 里＝12500 公里＝12500 千米。再借助学生身边的实例引导学生感知：许昌到郑州的距离大约有 100 千米，长征路程大约是它的 125 倍。再通过史料数据引导学生感知，长征路途之远，路况之险，条件之艰，见证了革命前辈的信念和意志。这段历史永载史册，永励后人。学生在感受数字力量的同时也在感受数学文化的魅力。

（三）总结拓展

总结：

1. 市制单位是我国灿烂历史文化的一部分，它记录着前人的生活轨迹，凝聚着祖先的聪明和智慧，是留给我们后人珍贵的资料和宝贵的财富。

2. 数学与生活息息相关。社会在发展，数学也在与时俱进地发展。今天的数学正是在过去数学的基础上发展起来的，所以，我们要好好学习数学，用自己的聪明才智让数学的明天更丰富多彩，让数学文化更灿烂辉煌！

拓展：

1. 用软尺测量家人的头围、胸围、腰围等分别是什么尺寸。

2. 课下查阅资料了解更多的市制长度单位的有趣知识。

四、板书设计

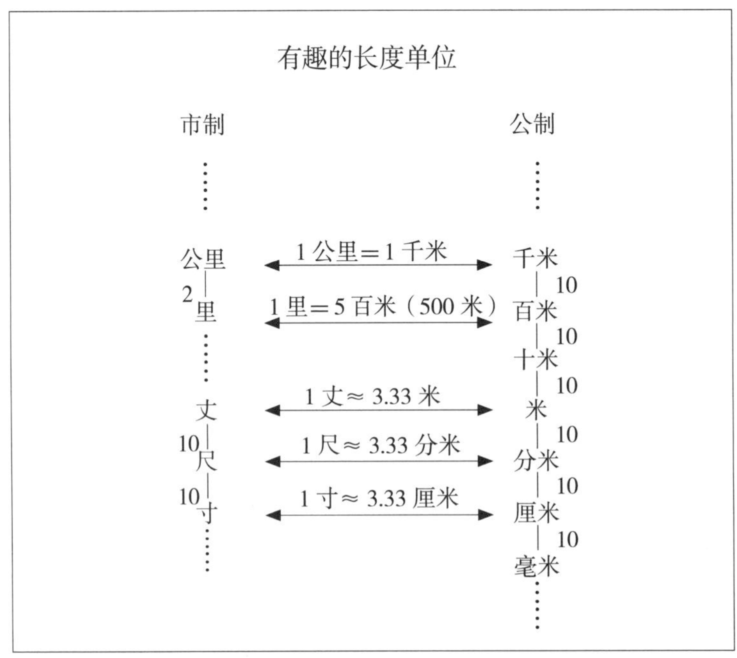

课后品味：这节课都有什么味道?

在观摩教学后，我和老师们一起研讨和交流了本节课。本来是一节以数学文化为主题的课，竟被老师们从中品味出了“厚重课堂”的真味道：

文化味儿——数学作为一种文化，其内涵博大精深，其发展源远流长，并深深地植根于人们的生活中。本节课上，我们在认识中了解，在联系中沟通，在传承中发展。这是一节典型的“数学文化”课。

数学味儿——对长度单位的感知和理解，公制与市制单位的沟通，数感的培养等环节都离不开数学知识做支撑。这是一节在“数学”土壤中生长出的课。

生活味儿——长度单位的学习与使用和生活息息相关。正确的读写姿势、测量身体的三围、丈量土地、设计行程、专业作图设计等，这些都与学生的学习、生活以及将来的工作密不可分。所以，这是一节具有浓郁生活气息的课。

趣味儿——长度单位生活中有，成语中有，俗语中有。腰围是多少?“魔高一尺，道高一丈”中藏有什么单位?谁更大一些?“男子汉大丈夫”和“堂堂七尺男儿”让我们好奇古代男子到底有多高。“两万五千里长征”究竟有多长?……这是一节让学生真正感兴趣的课。

人情味儿——尊重学生的生活经验因学定教，关注学生的学情顺学而导，培养学生的情感设疑激趣，健全学生的人格人文教育。这是一节充满人情味儿的数学课。

在练习中提升思维

——“3 的倍数的特征”练习课的教学与思考

教学实录

一、在“巩固梳理”中引入

师：同学们，通过学习，我们已经知道了 3 的倍数有自己的特征（板书：3 的倍数的特征）。它的特征是什么？（教师根据学生的回答板书：各位上的数的和是 3 的倍数）

师：今天，我们围绕“3 的倍数的特征”来上一节练习课。（补充板书：练习课）

二、在“练习应用”中悟新

1.“判一判”

师：我们已经知道了 3 的倍数的特征，你能根据它很快判断出下面的数是不是 3 的倍数吗？

生：能！

师：我们先来判断第一组数。（逐一出示第一组数：147，741，471 。学生逐一判断，过程略）

师：通过对这组数的判断，你们有什么发现？

生：我发现，不管几个数的顺序怎么排列，只要它们的和是 3 的倍数，组成的数就一定是 3 的倍数。

师：请同学们继续判断。（逐一出示第二组数:360, 369, 999。学生逐一判断，过程略）

师：这组数又让你们有了什么发现?

生：如果一个数每一位上的数都是 3 的倍数，它们的和肯定也是 3 的倍数，所以，我觉得不用再算各位上数的和，就可以直接判断它是 3 的倍数。

师：下面的数你又会有什么好的判断方法呢?（逐一出示第三组数：836，1362，3786549210）

生：836 的各位上的数的和是 17，所以 836 不是 3 的倍数。

生：因为 836 个位上的数是 6，十位上的数是 3，所以直接观察百位上的 8 不是 3 的倍数，就可以判断 836 不是 3 的倍数。

生：1362 中，3，6 除外，只需计算 1+2 ＝3，就可以判断它是 3 的倍数。

生：3786549210 中，把 3，6，9，0 四个数去掉，把其余的数加起来是 7+8+5+4+2+1 ＝27，所以这个数是 3 的倍数。

生：我有更简单的方法！把 3,6,9,0 四个数去掉后，剩下的数不必加在一起，其中 7+8 ＝15，5+4 ＝9，2+1 ＝3，15、9、3 正好都是 3 的倍数，所以这个数就是 3 的倍数。

师：通过对这组数的判断，你们又有什么新的感悟?

生：一个数的各个数位上的数，如果既有 3 的倍数（0，3，6，9），又有不是 3 的倍数，判断时就直接把 0，3，6，9 排除掉，把不是 0，3，6，9 的数相加，看和是否是 3 的倍数。

师：同学们真是太厉害了！不仅会利用 3 的倍数的特征进行判断，还能根据数的特点发现更简便的判断方法！大家真是了不起的“数学小灵通”啊！

2. “添一添”

师：请同学们利用刚才的新收获一起来灵活地解决这样一个问题。（板书出示：306 □）

师：你能在 306 的末尾添上一个数，使组成的四位数是 3 的倍数吗?

生：可以添上0。（其他学生相继补充：0、3、6、9都可以）

师：你是怎么想的？

生：306已经是3的倍数了，所以，添上的数只要是3的倍数，组成的数就一定是3的倍数。

师：如果要添上的数的位置变化了，如30□6、3□06、□306，这组数字的□里分别可以填什么？

（生答略）

（板书出示：□836）

师：刚才大家已经判断过，836不是3的倍数，在□里添上什么数，组成的新数就是3的倍数了？你是怎么想的？

生：添上1、4、7都可以。

生：因为836各位上的数的和是17，再添上1就是3的倍数18了。添上1行，那么添上4、7肯定也行，因为1、4、7正好都相差3。

生：不用管3和6了，只要给8添上1、4、7，和变成3的倍数就可以了。

（板书出示：112□）

师：请大家继续判断，□里可以添上哪些数？你是怎么思考的？

生：112各位上的数的和是4，所以□里要添上2、5或8。

生：112中，其中1+2＝3，所以，只需给另一个1添上2、5、8就可以了。

师：如果增加问题的难度，大家愿意接受挑战吗？

生：愿意！

（板书出示：□1362□）

师：同时在两个□里添上数，使组成的多位数是3的倍数。你们的想法是什么？

生：1362中，不管3和6，前面的□里可以给1添上2、5、8，后面的□里可以给2添上1、4、7。

生：因为1362已经是3的倍数了，所以不用管它们，只要在两个□里各自添上3的倍数就可以了，但是前面的□里不能添0。

生：他用的是“平行法”，两个□里各添各的。我们用的是“相交法”：不管 1362，就把两个□合起来添数，只要添上的两个数的和是 3 的倍数，都可以。

师：同学们真是好样的！解决问题思路宽，方法活！

3.“去一去”

师：如果给大家一个多位数，让你们从中去掉一个或几个数，使组成的新数是 3 的倍数，你们能行吗？

生：能行！

（板书出示：1234）

师：从 1234 中去掉一个数，使剩下的三位数是 3 的倍数。去掉哪一个？你是怎么想的？

生：去掉 1 或 4。因为相邻的三个自然数组成的三位数一定是 3 的倍数，所以应该从两边上的数中去掉一个。

（板书出示：12345）

师：如果从这个数中去掉一个呢？

生：那只能去掉 3 了。

师：如果要求去掉两个数呢？

生：去掉 1 和 2。

生补充：4 和 5 或 1 和 5 或 2 和 4 都可以，去掉的两个数的和应该是 3 的倍数。

（板书：3786549210）

师：在这么大的十位数中，如果让你去掉其中的 1 个数，使剩下的数是 3 的倍数，你怎么想？如果要求去掉 2 个数、3 个数呢？

（学生讨论学习，交流过程略）

三、在“拓展推理”中提升

师：接下来，我请同学们继续判断。我们知道，15 是 3 的倍数，27 也是 3 的倍数，那么 15+27 的和是 3 的倍数吗？

生：15+27＝42，42 是 3 的倍数。

生：15 是 3 的 5 倍，27 是 3 的 9 倍，它们的和是 3 的 14 倍，一定是 3 的倍数。

师：123+114 的和是 3 的倍数吗？

生：123 和 114 都是 3 的倍数，和一定是 3 的倍数。

师：9990+3366 的和呢？

生：是。

师：看来，同学们又有新的发现了，是什么呢？

生：如果几个数都是 3 的倍数，那么，它们的和也一定是 3 的倍数。

师：请大家继续思考：99 是 3 的倍数，不通过计算，你确定 99×2 的积是 3 的倍数吗？

生：应该是 3 的倍数。我是这样想的，99×2 表示 99+99，所以结果是 3 的倍数。

生：我的想法跟他不一样。既然 99 是 3 的倍数，那么 99×2 得到的是 99 的倍数，是 99 的倍数肯定也是 3 的倍数。

生：我的想法是，$99\times2=3\times33\times2=3\times(33\times2)=3\times66$，得到的结果是 3 的 66 倍呢。

师：同学们对问题不仅能做出正确的判断，而且还能说出其中的道理。也就是不仅知其然，而且还能知其所以然。这才是我们学习数学应该追求的更高的目标啊！老师真的很佩服你们！

师：我们已经知道了 3 的倍数的特征“是什么”，不知道有没有同学思考其中的“为什么”——为什么要把各位上的数加起来看和是不是 3 的倍数呢？其中的道理又是什么呢？

（学生陷入思考）

师：这是一个非常有意义，也很有挑战性的问题。如果思考有困难，我给大家举这样一个例子，同学们看完其中的推理或许会有所明白。

（课件出示，老师解释）

$$\begin{aligned}258&=2\times100+5\times10+8\\&=\underline{2\times99}+2+\underline{5\times9}+5+8\\&=\underbrace{(2\times99+5\times9)}_{3\text{的倍数}}+\underbrace{(2+5+8)}_{\text{各位上的数的和}}\end{aligned}$$

师：希望同学们课下试着查阅相关的资料并相互交流，用你们的聪明和智慧去探寻更多的数学奥秘！

四、板书设计

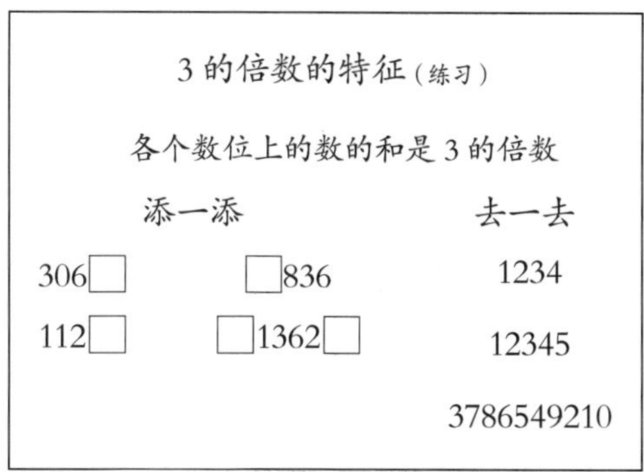

3 的倍数的特征（练习）

各个数位上的数的和是 3 的倍数

添一添　　去一去

306□　　□836　　1234

112□　　□1362□　　12345

3786549210

教学反思

如何让数学练习课走出应付和肤浅，走向深刻和厚重，这也是新课程理念下，我们探索小学数学“厚重课堂”应该思考的重要问题，也是对广大学科教师提出的新的成长目标和要求。下面是我在设计和执教本节课中的一些探索和尝试。

一、让教学内容更精深

“3 的倍数的特征”是传统的教学内容。其教学的重点就是让学生知道 3 的倍数的特征是什么，然后会根据特征进行正确的判断。为了使学生学到的知识更厚重，我深挖教学资源，努力使教学的内容向精深的方向发展。具体体现在以下两点：一是在应用新知的过程中，精心为学生提供有价值的学习资源，让学生在利用“3 的倍数的特征”进行判断的过程中不断地有新发现，引导学生在活用知识的过程中不断体会到数学学习的价值。二是课堂结尾，在学生已经知道“是什么”的基础上，有意引导学生追问“为什么”，引领学生的思维向纵深方向发展。

二、让学习方法更灵活

厚重的课堂不仅体现在对教学内容的深掘上，更体现在对学生学习方法的指导上。数学练习课尤其如此。本节课，我在引领学生巩固应用知识的同时更注重数学思想方法的渗透。

数学分类。判断一个数是不是 3 的倍数，我把所判断的数分成了三类：每个数位上的数都不是 3 的倍数（147、471、714）；每个数位上的数都是 3 的倍数（306、639、9966）；每个数位上的数既有 3 的倍数，也有的不是 3 的倍数（836、1362、3786549210），让学生学会根据数据的特点灵活地选择简便的判断方法。

数学推理。在解决“为什么”的过程中，充分利用了数学的推理，前面的练习为后面的提升做了充分的铺垫，使推理过程自然，结论的获得能水到渠成。

数学举例。举例子是小学数学教学中常用的且能有效地解决问题的方法。从小例子中往往能获得大发现。通过具体实例的解决，学生由特殊到一般地进行归纳和概括。本节课整个练习环节全部借助具体实例，引导学生在解决具体问题的过程中不断有新发现和新感悟。

三、让数学更显美和魅

“3 的倍数的特征”是纯数学的教学内容。如何让学生在纯数学的学习中不感到枯燥和乏味，能获得良好的数学情感和体验，唯有通过数学自身的美和魅来达到效果。课中，“3 的倍数的特征”的神奇魅力一直是吸引学生们孜孜探寻的动力。在利用特征进行判断的过程中，学生一次次的新发现让他们感受到了数学思考带来的幸福和喜悦。课尾，在知其所以然的追问中，又让学生体会到了数学的“奥妙”无穷。

练习出智慧

——“平行四边形的面积”练习课的教学与思考

关于“平行四边形的面积”的教学，我一直都在不断地学习、思考和尝试。我曾以《以学定教　顺学而导》为题就本课的思考与实践通过《小学教学（数学版）》2011 年第 7—8 期与同行们进行过交流，后来在“基于学情、基于学生”理念的指导下对教学又进行过多次调整。对课实践得越多，思考得就越深，思路就越宽。因为很多想法在短短一节课的教学中很难都实现，我便有了设计关于本内容练习课的想法，期望与大家共同学习和思考。

一、梳理知识，夯实基础

对基本知识的巩固和梳理是练习课教学的第一目标。通过梳理，对已学的知识“是什么”和“为什么”进行及时巩固，这是练习课的首要任务，也是开展后续学习活动的重要基础。

师：同学们，上节课我们学习了“平行四边形的面积”，通过学习，你知道平行四边形面积的计算方法是什么吗?

生：平行四边形的面积=底 × 高

师：你是怎么知道这个算法的?

生：把平行四边形割补成一个长方形……

老师根据学生的回顾讲述，再结合课件的动态演示，通过相应板书进行梳理。

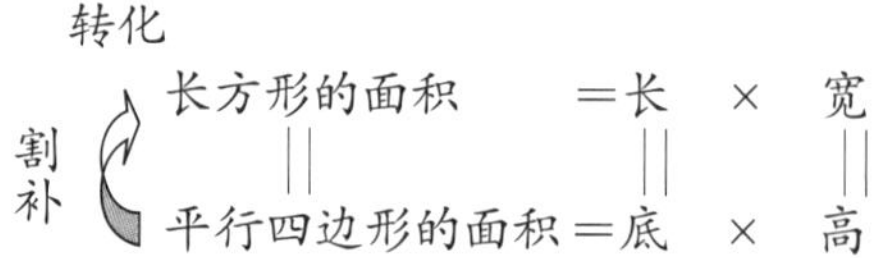

师：通过“割补法”的方法，把平行四边形转化成了等面积的长方形。我们又一次感受到了旧知识帮助解决新问题的强大力量。

二、查漏补缺，强化理解

讲授新课中，师生的关注点往往更多地放在了对新知识的探索和发现上，而很多易混点、易错点则是通过具体的练习才能发现的。因此，练习课的设计要直奔这些“易混易错点”，在具体的练习情境中查漏补缺，强化理解相关内容。

师：请计算出这个平行四边形的面积。（课件出示）

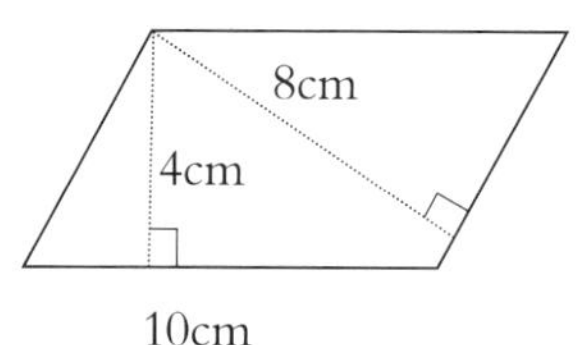

生 1：$10\times4=40$（cm^2）（代表多数学生的想法：用底 10 乘高 4，就是面积）

生 2：$10\times8=80$（cm^2）（代表少数学生的想法：用底 10 乘高 8，也是面积）

生 3：$8\times4=32$（cm^2）（个别学生）

马上就有学生质疑：面积应该用“底乘高”，不能是“高乘高”！

生 4：$10\times4+10\times8=120$（cm^2）（个别学生的想法：因为有一个底两个高，所以都得乘一次，再加起来。但也立即引起其他学生的质疑：信息给得多了就一定都要用上吗?）

老师在学生排除掉后两种想法的基础上，重点组织大家思考前两种算法：到底哪种方法正确呢?

生：应该是 10×4。因为，如果沿着 4cm 这条高把平行四边形剪开，转化成的长方形宽是 4cm，长是 10cm；如果沿着 8cm 这条高把平行四边形剪开，转化成的长方形的长是 8cm，宽是和 8cm 垂直的底边，不是 10cm。

师追问：也就是说，8cm 这条高和 10cm 这条底边——

生：不对应！

师：说得好！看来，平行四边形的面积计算中的底和高必须是一组相对应的底和高。（板书：对应）

师追问：你能求出和 8cm 相对应的底边有多长吗？

生：$40\div8=5$（cm）

师小结：计算这个平行四边形的面积，同学们都很诚实地展示了自己最真实的想法，这是最宝贵的学习品质！面对不同的想法，大家能够勇敢地质疑和辩论，从而发现了“底和高相对应”的重要性。尤其是出错的同学，他们用自己的错误为我们做出了重要提醒，让我们更加明白了应该怎么做。因此，他们的错显得更有价值！应该向他们表示感谢！

三、练中新悟，提升思维

练习，不同于新授。要让学生的数学思维在原有基础上得到一定的提升。本环节的练习中，我设计了“在方格图中画已知面积的平行四边形”的活动，让学生在活动中悟出“平行四边形的面积等，但底和高不一定等”和“等底等高的平行四边形的面积一定等”的道理。在温故中知新，进一步提升学生的思维。

师：（每个学生发一张单位面积是 $1cm^2$ 的方格图纸）请同学们在方格图中画一个面积是 $12\ cm^2$ 的平行四边形。（底和高都是整厘米数）

（学生独立活动）

师：小组交流，每人画的平行四边形形状是否一样？底和高呢？

全班实物投影展示不同底和高的平行四边形：

底（cm）	12	6	4	3	2	1
高（cm）	1	2	3	4	6	12

师：你有什么新发现？

生：面积相等的平行四边形，形状不一定相同，底和高也不一定相等。

师：如果选择底 4cm、高 3cm 的数据，那么，画出的平行四边形的形状一样吗？面积呢？（课件逐一出示一组等底等高的平行四边形）

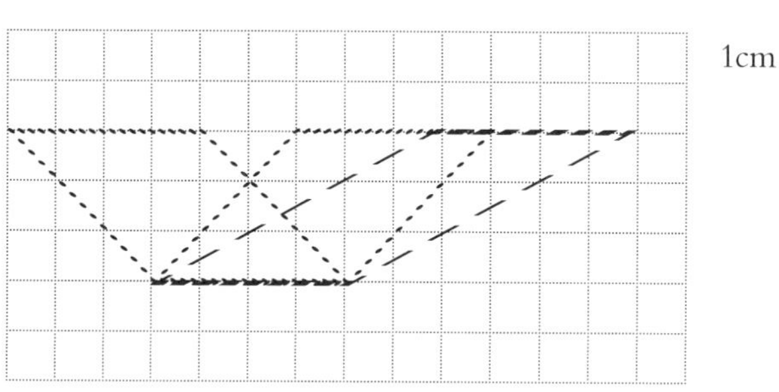

师：你有什么新的感悟？

生：等底等高的平行四边形形状不一定相同，但面积一定相等。

四、对比沟通，明辨是非

平行四边形的面积怎么计算？在学生的潜意识里，“两条相邻的底边相乘，即底边 × 邻边”是长（正）方形面积算法迁移给他们最真实的“初念”。它与“底 × 高”比，是不是一回事儿？如果不是，差距究竟在哪里？它们之间有没有一定的联系？……这些问题我们不能回避，需要在练习课上予以澄清和沟通。

师：我们知道，平行四边形除了通过“割补法”可以转化成长方形，根据它易变形的特性，也可以把它通过推拉的方式转化成长方形（教具演示）。请大家观察并思考：推拉前后，周长是否发生变化？面积呢？

生 1：周长不变。（意见一致）

生 2：面积不变；面积变了（意见出现分歧）

师：凡是有争论的问题，一定都是有价值的问题，值得我们来研究。因为推拉后，原来的平行四边形就没有痕迹了，所以，为了对比，我们还借助方格图来研究这个问题。

学生在教师的引领下，将两条前臂作为平行四边形的两条斜底边，和课件动画一起，借助前臂的运动实现将平行四边形推拉成长方形的过程，真正体会到转化后长方形的宽为原来的斜底边。

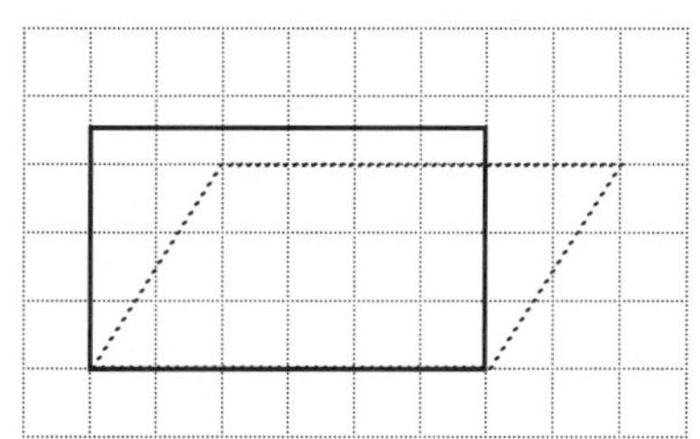

师再次追问：转化前后，面积是否发生变化？为什么？

生：变了！面积变大了！因为右面的三角形割补到左边后是平行四边形的面积，这个推拉得到的长方形的面积比它大，而且上面那部分就是大出来的。（意见一致）

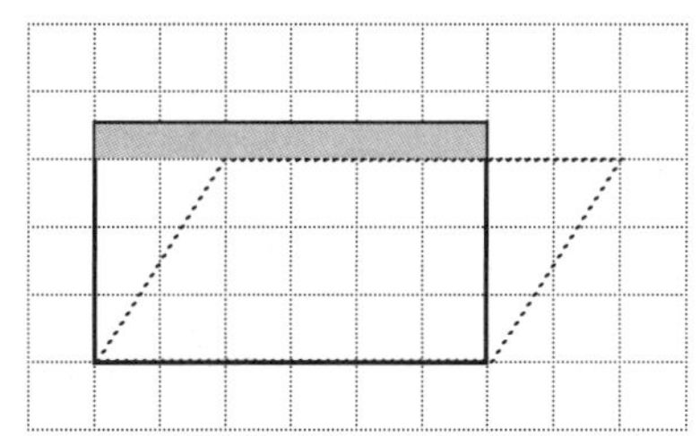

师：看来，通过推拉转化成的长方形与平行四边形的周长相等，但面积不等，它的面积比平行四边形的要大。如何计算推拉前后面积相差多少？把你的想法先说给同桌听，再说给全班同学听。

生：先量出长方形的宽，再计算出它的面积，然后减去平行四边形的面积。

师：如果要让你计算刚才你所画的那个平行四边形推拉后长方形的面积，而图中又没有画出这个长方形，你怎么量它的宽呢？

生：直接测量平行四边形的那条斜着的底边的长度，那就是长方形的宽了。

师：看来，推拉后长方形的面积正好等于平行四边形的“底边 × 邻边”。

补充板书：

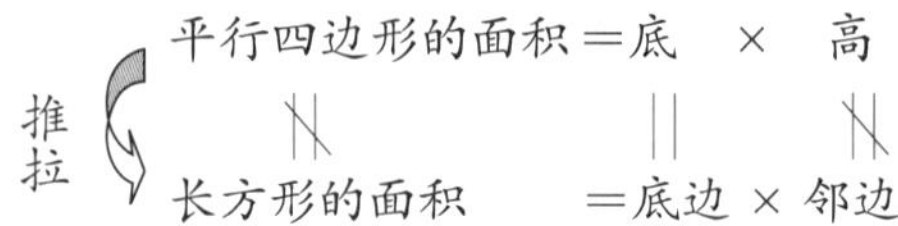

师：用“底边 × 邻边—底 × 高”就可以求出面积相差多少了。

生：我还有一种想法，从图上可以看出来，增加的面积就是上面那个小长方形的面积，那个小长方形的宽是可以由“邻边—高”得到的。所以，量出邻边后，就用“底边 ×（邻边—高）”直接算出相差的面积了。

师：请大家用刚才的发现算一算，你方格图中所画的面积是 12 平方厘米的平行四边形，如果推拉成长方形后面积增加了多少？

五、综合应用，生长智慧

本节课的最后，我给学生设计了一个具有挑战性的问题，培养学生能够综合应用所学的知识合理灵活地解决实际问题的能力，并且让“不同的学生在数学上得到不同的发展”的新课程理念得以落实。

课件出示问题：用木条做成一个长方形框架，长 18 厘米，宽 15 厘米。如果把它拉成一个平行四边形，周长不变，面积和原来相差 54 平方厘米。拉成的平行四边形的高是多少厘米？

学生独立解决后交流分享：

方法一：（18×15 — 54）÷18（多数学生：先求长方形的面积，再求平行四边形的面积，最后求 18 厘米底边对应的高）

方法二：15 — 54÷18（少数学生：先求出平行四边形与 18 厘米对应的高和与其相邻底边 15 厘米的差，然后求出相应的高）

方法三：（18×15 — 54）÷15（个别学生：求出与 15 厘米底边相对应的高，它也是该平行四边形的高）

师：同学们，孔子曾说：“学而时习之，不亦说乎？”“温故而知新，可以为师矣。”这两句话的意思是：学问要经常练习，这是很快乐的事；复习旧知识时，又能领悟到新的东西，就可以凭这做老师了。只要讲方法，肯用心，勤思考，练习课真的能带给我们很多的快乐！相信大家会有这样的体验！希望同学们以后学习新知识的同时不忘练习巩固旧知识，通过练习，让自己变得更有智慧！也希望大家越来越喜欢上练习课！

六、板书设计

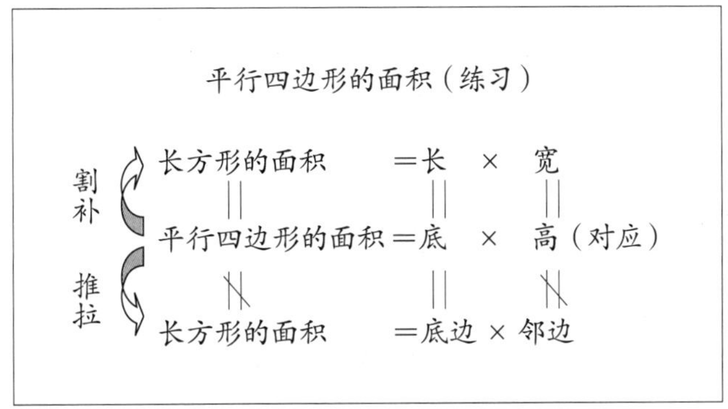

让复习课充满生长的力量

——“因数和倍数”单元复习课的教学与思考

教学设计

今天我们就“因数和倍数”这一单元的知识进行整理和复习，相信大家会有别样的体验！“因数和倍数”是在自然数的范围内学习研究的，这里的自然数要把0除外。

一、有关“因数”的复习

1. 回忆梳理

（1）一个自然数的因数的个数是有限的，最小的是1，最大的是它本身。

（2）根据是否含有因数2，可以把自然数分为奇数和偶数。

（3）根据含有因数的个数，可以把自然数分为1、质数和合数。

2. 沟通联系

（1）提出问题。

同一标准分类出的数学概念之间是“你中无我、我中无你”的，如奇数与偶数、质数与合数，也就是说，它们之间是没有联系的，那不同分类标准中的数学概念之间是否有联系呢？如，奇数与质数、奇数与合数、偶数与质数、偶数与合数，它们之间是否有联系？

（2）活动设计。

课前有意把全班学生编号，并发给他们写有学号的学具卡片。按照座位从中间分成左右两部分，其中一部分学生的学号是奇数，另一部分为偶数。

请学号是奇数、偶数的分别举卡片，让学生发现全班同学按座位分为两队，命名为“奇数队”和“偶数队”，并分别选出两个小队长到前面来，面向队员举起队牌。

从学号是质数的同学中选出一位“质数”队长，请他到前面举队牌并叫出班里自己的队员，请学号是质数的同学逐一验证后举出卡片。让学生直观发现质数与奇数、质数与偶数之间的关系。

同上程序，让学生直观发现合数与奇数、合数与偶数之间的关系。

（3）数学表达。

在学生进行上述活动的过程中，教师适时引导学生在直观发现的基础上，用两个圆圈分别表示两个数学概念，用它们之间的位置关系更直观形象地表示出两个数学概念之间的关系的有无和远近。

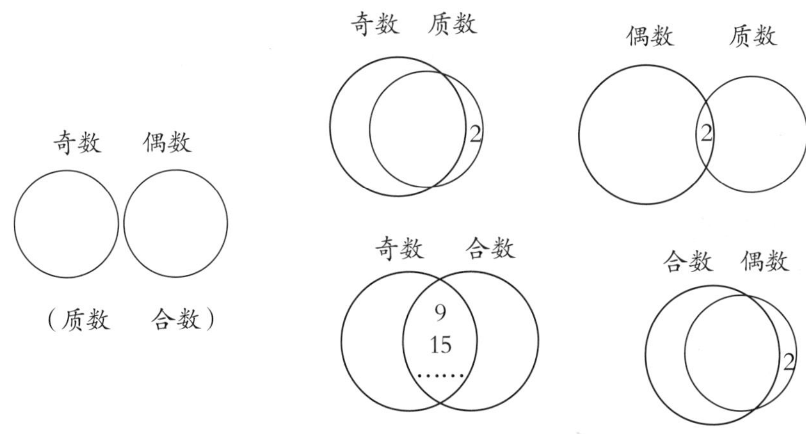

（4）小结提升

其一：1 因为不是质数、合数，也不是偶数，所以在四个数学概念“队伍”中，它只是单一的奇数“队员身份”，而其他数均具有双重概念的“队员身份”。

其二：强调 2 的特殊作用——它可以让奇数与质数、合数与偶数由“亲密”到“保持一定的距离”，也能让偶数与质数由“疏远”到“建立一定的联系”。

其三：偶数与质数虽然“关系较远”，但在数学家的眼里，它们的关系却是那么亲近和神秘:“偶数（大于 2）=质数 + 质数”这是闻名于世的哥德巴赫猜想，因其证明被公认为世界难题而被称为“数学王冠上的明珠”，吸引着世界各国的数学家们争相摘取。我国数学家陈景润在这一领域的研究已经取得了举世瞩目的成绩，也希望同学们将来为摘取这颗“明珠”而努力!

其四：其实，如果认真思考和挖掘，就会发现，两个“互不来往”的数学概念之间通过转化其实也存在着一定的联系。如，奇数 ±1 =偶数（奇数进或退一步就变成了偶数，反之亦然），奇数 + 奇数=偶数，合数=质数 × 质数 × 质数 ×……（合数都可以分解质因数），等等。

数学知识之间都有着一定的内在联系，希望大家多思考、多发现。

二、有关“倍数”的复习

1. 回忆梳理

（1）一个自然数的倍数的个数是无限的，最小的是它本身，没有最大的倍数。

（2）有一些自然数的倍数中存在一定的特征。如，2、3、5 的倍数有特征，这些特征分别是什么?

2. 拓展延伸

（1）提出问题

根据 2、3、5 的倍数的特征，你能推理并发现 6 的倍数有什么特征吗?

（2）思考讨论

（3）交流分享

因为 6 = 2×3，所以 6 的倍数应该同时具备 2 和 3 的倍数的特征，即个位是 0、2、4、6、8 且各位上的数之和是 3 的倍数。

（4）推理发现

根据刚才的学习经验，你能进一步推理发现 10、15、30 的倍数有什么特征吗?

(5)拓展探究

其实，还有一些自然数的倍数也有特征，如，4、7、8、9、11、13 等数的倍数，有兴趣的同学课下可以自己尝试发现，也可以借助资料或网络进行了解。知道了它们的倍数的特征，你就可以推理出更多自然数的倍数的特征，这对我们今后的学习很有帮助。(课件逐一完善)

	特征			
	2 的倍数	3 的倍数	5 的倍数	……
6 的倍数 6 = 2×3	个位是 0、2、4、6、8	各位上的数之和是 3 的倍数		
10 的倍数 10 = 2×5	个位是 0		个位是 0	
15 的倍数 15 = 3×5		各位上的数之和是 3 的倍数	个位是 0、5	
30 的倍数 30 = 2×3×5	个位是 0	各位上的数之和是 3 的倍数	个位是 0	
……	……			

三、总结提升

这节课，我们复习了因数和倍数的有关知识，在有限的因数中，我们发现了知识之间的联系，在无限的倍数中，我们又看到了知识的发展。数学知识就是在联系中不断向前发展的，我们也是在不断地深入学习、思考、发现中变得更加渊博和智慧的。这就是数学的魅力，也是数学学习的魅力！

四、板书设计

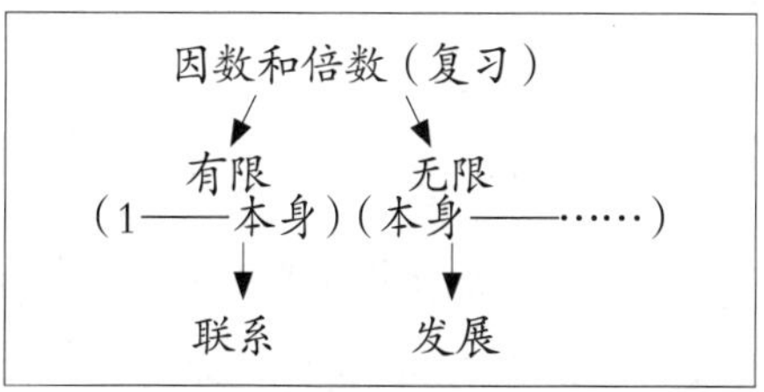

教学思考

一、为什么要复习？

根据学生的认知特点和认知规律，复习是学生学习过程中的一个不可缺少的重要环节。首先，及时、有效的复习，不仅可以引导和帮助学生对已学知识进行巩固和梳理，而且能帮助学生及时发现存在的问题，从而查漏和补缺，“学而时习之，不亦说乎？”学生还能在其中获得良好的情感体验。复习是学生学习过程中有价值的“驻足回望”。其次，复习也是为了让学生的学习更好地“扬帆远航”。“温故而知新”，“温故”是为了更好地“知新”，学生通过复习巩固知识，积累经验，反省内化进而生成智慧，厚积而薄发。复习既是回望过去，更是面向未来。

二、怎样开展复习？

《义务教育数学课程标准（2011 版）》强调：“教学应激发学生的兴趣，调动学生的积极性；引发学生的数学思考，鼓励学生的创造性思维；要注重学生良好的数学学习习惯，使学生掌握恰当的数学学习方法。”这一要求对复习教学尤其有指导意义。下面结合“因数和倍数”一课的复习来谈谈如何体现上述理念，有效开展复习教学。

1. 巩固知识

对基本知识的巩固和梳理是复习课教学的重要任务。本节课，对本单元出现的基本数学概念因数、倍数、奇数、偶数、质数、合数以及 2、3、5 的倍数的特征等都进行了巩固和梳理，为下面的拓展和提升做好了充分的铺垫。

2. 沟通联系

数学知识的内在联系是非常紧密的。通过复习，应该把平时课时教学中相对零散的知识给串起来，让学生不仅看到知识间的联系，还能感悟到知识在联系中的不断发展。本节课我设计了先让学生找不同分类标准下的数学概念之间的联系，然后进一步引导学生发现奇数与质数、合数，偶数与质数、合数之间的关系，澄清了学生学习中最容易混淆的干扰因素，然后又引申到同一标准分类下的数学概念之间也存在着某种内在的联系，感受到数学冰冷中的温暖与美丽。通过2、3、5的倍数的特征，引导启发学生推理发现6、10、15、30等数的倍数的特征，又让学生感悟到了知识在联系中的发展。

3. 渗透思想

数学思想和方法是数学的灵魂。在教学过程中，我们要及时地进行渗透，中高年级的数学教学尤其要如此。

在知识的整理环节中，我及时渗透了“分类”的数学思想。让学生知道，同一事物，分类的标准不同，分类的结果也不一样，感悟到同一标准下分类结果的唯一性和不同标准下分类结果的多样性。

在沟通数学概念之间联系的教学环节中，我有意渗透了“集合”这一数学思想。让学生用集合圈的直观演示生动形象地表示出两个数学概念之间的联系，体会到了数学的直观美和简洁美。

在复习一些自然数的倍数的特征时，我又有意加入“推理”的数学思想。让学生由2、3、5的倍数的特征推理出6、10、15、30等数的倍数的特征，感受数学知识在联系中的不断发展，激发他们不断探索数学奥秘的兴趣和热情，培育学生的数学思想，教授学生数学方法，这些对学生是终身受用的。

4. 提升思维

复习，不同于新授，通过复习要将学生的数学思维得到一定的提升，这也是复习教学的一个目标和方向。本节课，我有意设计了几个思维的“高门槛”：鼓励学生探究4、7、8、9等数的倍数的特征、激励学生摘取“哥德巴赫猜想”这颗“数学王冠上的明珠”等，让学生的数学思维不断地得到拓展和提升，体现了“不同的人在数学上得到不同的发展”的教学理念。

5. 增长智慧

好的数学复习，能够让学生收获知识，掌握技能，感悟思想，积累经验，获取方法，获得启示，体验愉悦，燃起热情……进而增长智慧。如本节课中和课后，学生的反馈精彩不断：

“6的倍数一定是偶数。”

“9的倍数一定是3的倍数。”

“在判断平年闰年时，我就自己琢磨出4的倍数的特征是末两位数是4的倍数。”

“奇数乘以2一定等于偶数。”

“偶数个奇数相加是偶数。”

“两个一样的质数相加一定是偶数，也一定是合数。”

“除2外，质数加1是合数。”

“质数只要不乘1，乘几都可以变成合数。”

“质数乘以质数一定等于合数。”

“我会证明哥德巴赫猜想了——因为比2大的质数都是奇数，奇数加奇数不就等于偶数了。”

“我觉得合数一定比质数多。”

…………

学生的思维和表述或严谨或有漏洞，但带给我们的是满满的幸福和欣慰。让复习课充满生长的力量，这就是我们“厚重课堂”应该追求的目标和努力的方向！

让复习课堂更厚重

——“有关图形的问题”总复习的教学与思考

总复习是小学生毕业前数学学习的一个重要复习环节。在整个小学阶段的数学学习结束时，教师与学生都需要进行系统的整理复习。它不仅能引导和帮助学生对已学知识进行巩固梳理、查漏补缺，还能培养学生的数学思考和创新思维，从而更好地落实“四基”和“四能”的教学要求，并综合提升学生的数学核心素养。

下面结合有关“图形问题”的复习来谈谈如何有效开展总复习的教学。

有关图形问题的复习容量很大、内涵丰富，一节课远远完不成整个复习任务。所以本节课的设计选择了部分图形作为复习内容，将复习目标明确如下：掌握部分平面图形（长方形、正方形、圆形）和立体图形（长方体、正方体、圆柱体）的特征以及它们之间的联系；掌握其周长、面积、体积的计算方法；进一步形成分类和转化的思想方法；感悟比较、概括等数学特有的思维方式。

为了达成上述教学目标，我没有采用生硬的一问一答的教学方式，而是在具体的数学活动和解决问题中对教学进行有效的梳理与巩固。我设计了三个有结构、有层次、有深度的数学活动：

“围一围”。让学生在“围一围”的活动中进一步巩固所学图形的基本特征，并沟通图形之间的逻辑联系。

“比一比”。渗透学法指导，让学生在“比一比”的数学活动中学会以数学思维来思考，学会合理灵活地选择解决问题的策略。

“探一探”。意图让学生在“探一探”的活动中感受发现的乐趣、增强对数学知识的好奇，使学生获得良好的数学情感体验。

一、在活动设计中巩固旧知

1.“围一围”：由“线”围成“面”

教师在课堂上出示一根铁丝并配放课件，提问：

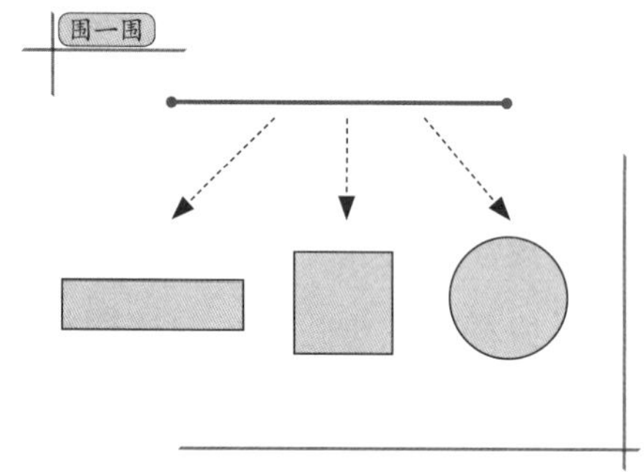

（1）你能用这根铁丝分别围出我们认识的这几个平面图形吗？

（2）长方形、正方形和圆形比，用铁丝围出哪个图形更容易一些？哪个图形不太容易围？为什么？

学生先按照直觉猜测围出图形的难易顺序，然后独立用学具尝试，再在小组和班级交流操作方式和自己的思考。重点交流如何围长方形的问题。

2.“围一围”：由“面”围成“体”

教师出示一张长方形纸并配放课件，提问：

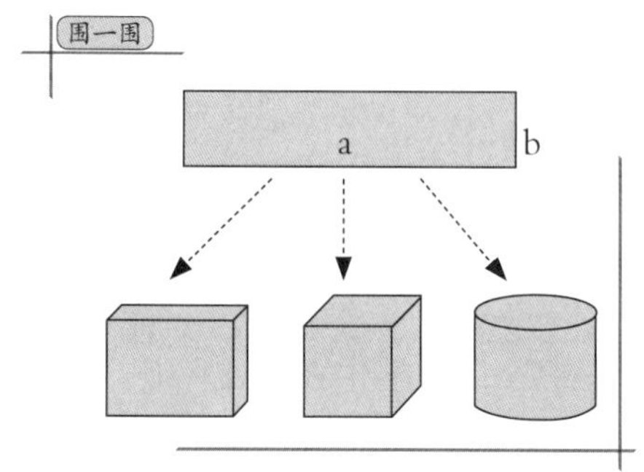

（1）你能用这样的长方形纸分别围出我们认识的这三种直柱体（长方体、正方体、圆柱体）吗?（要求：以长 a 为底面周长，宽 b 为高围出三种柱体纸筒）

（2）猜猜看：最容易围的形体是哪一个？最不易围的又是哪一个呢?

学生带着猜测尝试操作，并在小组内交流体会，教师巡视发现情况，然后全班交流。

由易到难的顺序为圆柱—长方体—正方体。这次活动的焦点出现在围正方体上，学生通过尝试、交流发现：在不改变长方形纸的大小的前提下，不是任意的长方形纸都能围成正方体的；只有长是宽的 4 倍的长方形纸才能围出正方体。

再次操作。教师出示三张一样的长方形纸（长是宽的 4 倍），指名学生，以宽为高，按照由易到难的顺序（圆柱—正方体—长方体）逐一围出三个形体的纸筒，并出示在黑板上。

这样的设计，改变了传统复习中单一的、枯燥的整理基础知识的状况，于具体活动中无痕渗透，自然涉及，效果非常好。

二、在网络中沟通联系

数学知识的内在联系是非常紧密的。总复习的教学，应该把相关类别的知识系统地、巧妙地串起来，让学生从中不仅能看到知识间的联系，而且感悟到知识在联系中的不断发展。

上述“围一围”的设计中，先由“线段”围出“平面图形”，再由“平面图形”围出“立体图形”，这种“线—面—体”的教学思路很清晰地为学生提供了一张由一维到二维再到三维的知识网络图，学生从中很容易感受到图形空间的变化，感受到图形之间的联系和发展。在“平面图形”围“立体图形”的环节中，也让学生自悟出长方体、正方体、圆柱体的侧面积都可以用“底面周长 × 高”来计算，沟通了算法之间的联系，达到了统一。

通过“围一围”的学习活动，引导学生再次认识到掌握形体的特征是正确围出形体的重要前提，从一维的线到二维的面再到三维的体，图形之间有着密切的联系。我及时用课件将两次“围一围”组合如下：

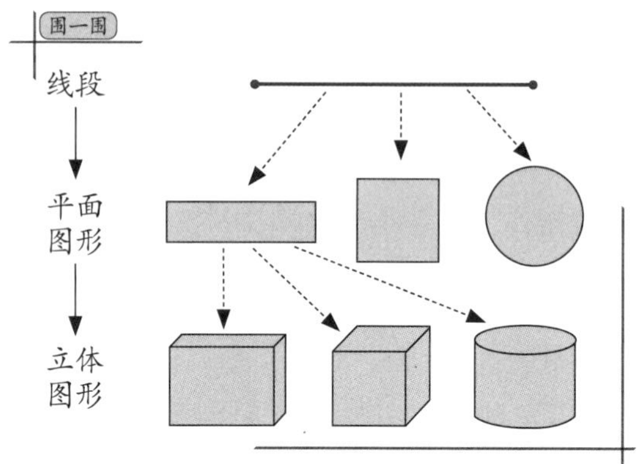

这一网络图清晰地凸显了图形结构的连贯性和发展性，它将深深地储存在学生的脑海中，辅助学生形成良好的三维图形的空间观念。

三、在比较中渗透思想方法

数学思想方法是数学的灵魂。图形问题复习的背后蕴含着重要的思想方法。在复习过程中，我不失时机地进行了相关思想方法的渗透。如，在上述“围一围”的环节中，渗透了联系、转化等思想；在下面“比一比”的活动中，渗透了比较、类推等思想。同时还引导学生认识并使用了举例、推理等重要的数学方法和策略。我想，这对学生的学习是终身受用的。

1.“比一比”：比平面图形

课件出示铁丝围出的三个平面图形，教师提问：这三个图形的周长比怎么样？面积呢？谁的面积最大？谁的面积最小？你是怎么知道的？（引导学生用举例的方法来比）

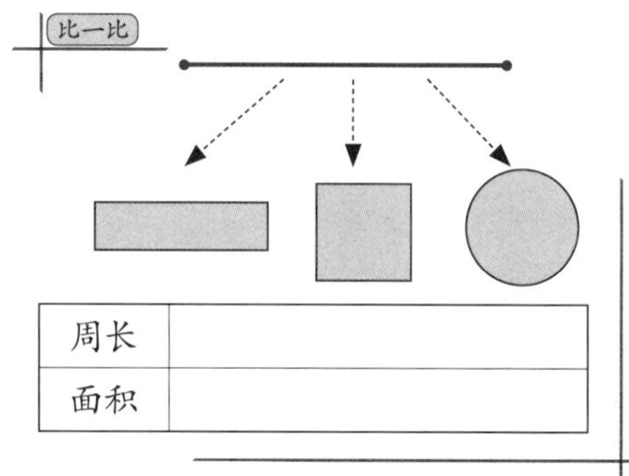

学生 1：用举例子对比的方法可以知道圆的面积最大，长方形面积最小。

学生 2：先确定一个长度作为三个图形的周长，然后根据周长和面积的计算方法再求出各自的面积，最后进行比较。

学生 3：在举例计算的过程中，我发现圆的面积计算比较难。

教师引导学生总结：遇到这样的问题，我们可以通过举例法来得出结论（板书：举例）。在举例的过程中，可以有技巧地选择一些数据使计算简便（如，假设 $\pi \approx 3$，可以选择 2、3、4 的公倍数作为它们的周长来计算并比较面积，这样使计算更简便）。

2.“比一比”：比立体图形

课件出示长方形围出的三个柱体，教师提问：如果给这三个形体的纸筒都配上底面，你能比较出它们的表面积、体积的大小吗？你是怎么比较出来的？

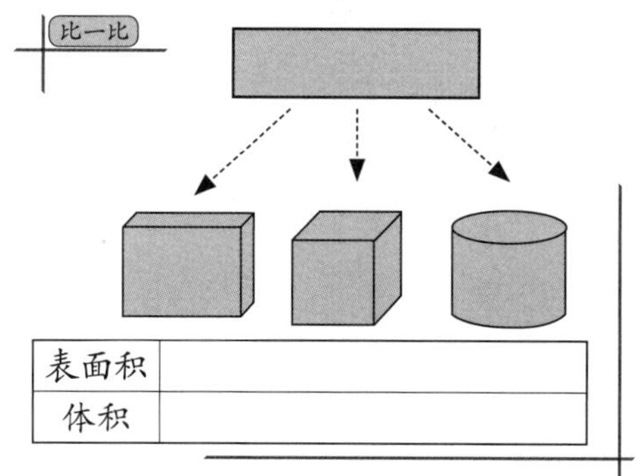

（1）表面积比：$S_{长}<S_{正}<S_{圆柱}$

学生 1：因为它们的侧面积相等——都是这张长方形纸的面积，只需要比较它们的底面积的大小，根据上面比较三个平面图形得出的结论，可以不计算就能推理得出圆柱的表面积最大，长方体的表面积最小。

（2）体积比：$V_{长}<V_{正}<V_{圆柱}$

学生 2：因为三个形体等高，所以直接比较底面积就可推理出体积的大小。

教师引导小结：正是有了比较上面三个平面图形面积大小的结论，所以对三个相应的形体体积的比较就不必举例，可以直接推理得出结论，但推理不是随

便就可以的，它是需要有依据的。（板书：推理　依据）

通过两次“比”的活动，不但强化了学生对相关图形的周长、面积、体积计算方法的认识，更重要的是让他们知道了举例、推理等解决问题的策略，将对学生相关数学思想方法的培养落到了实处。

四、在拓展中提升思维

“温故而知新”，“温故”是为了更好地“知新”。复习既是回望过去，更是面向未来，本节课我除了设计了思维含量一般的活动“用一根铁丝围长方形”“用一张普通的长方形纸（长不是宽的 4 倍）围正方体纸筒”外，还设计了一个思维含量较高的活动——“探一探”，“比较胖、瘦圆柱体的体积之比与长方形长、宽之比的关系”。通过问题的驱动，学生的数学思维在矛盾中不断碰撞，在碰撞中不断完善和提升，逐步养成良好的数学思考习惯，感受数学的神奇和无穷的魅力。

我不失时机地引导学生用学到的方法继续“探一探”，进一步激发学生探究的欲望，感悟数学探究的乐趣。用同一张长方形纸可以围出不同的圆柱形纸筒，以长作底面周长、宽作高围出的“胖圆柱”；以宽作底面周长、长作高围出的“瘦圆柱”。课件出示如下：

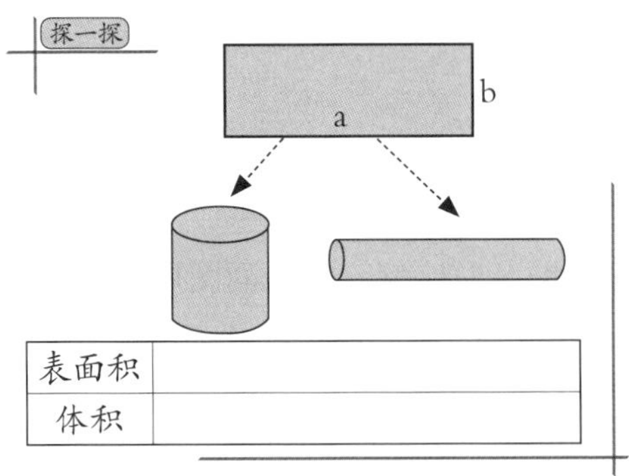

如果给两个纸筒都配上底面，那这两个圆柱的表面积哪个大？体积呢？你是怎么知道的？

我提醒学生解决问题时要选择相应的策略进行比较。表面积比：$S_{胖} > S_{瘦}$，比较策略为推理。体积比：$V_{胖} > V_{瘦}$，比较策略为举例。

教师提出拓展问题：这两个圆柱体积的比与长方形纸的长和宽的比有什么关系？课下请同学们继续探究！（$V_{胖}:V_{瘦}$○ a:b）

这一问题的提出将本节课的复习延伸到课外，激发了对数学有浓厚兴趣的学生不断探究的强烈欲望，成为这些学生欣赏、领悟数学美的重要载体。“不同的人在数学上得到不同的发展”这一课标理念在本节课上得到了很好落实。

五、板书设计

有关图形的问题

围一围	比一比
◆特征	◆例举（技巧）
◆联系	◆推理（依据）

心会跟爱一起走（代后记）

完成这部书稿的那晚，我彻夜未眠，记忆的闸门被往事冲开，成长路上的一幕幕画面清晰地浮现在眼前……

1990 年 9 月，我刚刚走上工作岗位，面对学生家长对新老师的抵触，德高望重的张常鑫校长把我叫到办公室，语重心长地说："家长们的心情你要理解。你还年轻，不要怕受挫折，要把压力变为动力。学校相信，你能做一个让家长放心的好教师！"我用力地点了点头，感到肩上的担子很重很重。

第一次家长会上，和我搭班的语文老师兼班主任李景升老师深情地对四年级的家长说："张老师才十八九，比你们的孩子大不了几岁，带好一个班不容易。大家要像对待自己的孩子一样关爱张老师，支持张老师的工作。"我站在教室里，紧张的心情缓解了许多，眼里更是噙满了感激的泪水。

1991 年的冬天，学生白帆的妈妈来到我住的学校集体宿舍，对我说："张老师，天冷了，我看您的铺盖太薄，给您送来一床被子。请您收下。一年多来，您为班里的学生付出太多了，我们做家长的真是又感激又惭愧，真庆幸学校当初没有听我们的意见替换您……"我谢绝了家长的好意，但内心升起了一阵阵暖意。

1993 年的春天，刚刚做教研员的赵琦老师走进了我的课堂："上学期期末，在学校的经验交流会上，你的发言给我留下了很深的印象。能感觉到，你是一个很用心的教师。我想听听你的课，愿意带带你……"我欣喜若狂地看着她，简直不敢相信自己的眼睛和耳朵！

1993 年的 6 月，在连续两年“八连冠”成绩的基础上，我送走了第一届毕业生。与学生话别的那天，学生与我真情相拥，互送祝福。任璐同学代表全班同学祝福我“早日成为特级教师”，我郑重地向他们做出了一定努力的保证。带着这份对学生的承诺，我的教学生涯有了更加明确的奋斗目标。

1993 年的 9 月 10 日，又是一个教师节。下午放学后，刚刚被我送进中学的李晋来到我的办公室：“张老师，今天是教师节，我送您一个礼物，谢谢您的培养和教育，祝您永远年轻漂亮！”我接过漂亮的发卡，幸福之情溢于言表。这个发卡，我珍藏至今。

1996 年 10 月，在湖南张家界，我让爱人自费陪我参加了《小学教学》举办的第一届征文颁奖活动。因为费用不足，我们吃住都很节俭。时任编辑部主任的赵义章看在眼里，非要资助我这小老乡 300 元。在异地他乡，我感激不尽地接受了赵主任的帮助。回来后第一时间就通过邮局把钱寄还给了他，但这份大爱一直温暖着我。

2002 年的 9 月，我来到了新的岗位——市教研室。在第一次组织大型教研活动的现场，我们的领导杨伟民主任亲自到场，全程坐镇指挥，还幽默地说：“你刚刚从事教研工作，我们会‘扶你上马，送你一程’的。”一股暖流顿时涌遍了我的全身。

2007 年 12 月，我要代表河南参加人教版实验教材全国学术交流会并现场作课。在近十次的磨课过程中，单位同事们积极听课、评课，他们站在各自学科的角度，从不同方面提出修改的意见和建议。小学语文教研员吕蔚屏老师用她瘦弱的身躯扛着录像机“冲锋”在前，全程录下每节课，供我做课后分析和反思。幼教学科教研员牛淑敏老师自始至终陪在我的左右，全方位地为我的磨课服务。在去南宁作课期间，她们短信、电话鼓励不断。取得好成绩归来后，她们又第一时间为我接风祝贺……我深深地知道，没有什么比这份纯真的同事友情更为珍贵！

在磨课的那段日子里，省教研室梁秋莲老师在百忙之中观看我寄给她的试教录像，然后电话上耐心细致地给我提出指导意见，还抽时间到我市进行现场指导。她的谆谆教诲和专业引领为我打足了底气，坚定了信心，让我更加自信地去迎接面对的挑战。

2008 年的 9 月 10 日，一个令人难忘的教师节！电话的那头儿，传来了吴正宪老师爽朗的笑声："好啊，师父我同意！这事儿就这么定了！……以后有什么需要，我会尽力帮助你……"没想到，埋藏在心底十六年的"拜师梦"竟然梦想成真！那一刻，我的眼泪夺眶而出……

2008 年秋，《小学教学》编辑部殷宪宾主任热情邀我做杂志的封面人物，我觉得自己还不够优秀，便婉言谢绝了。在一次去重庆学习的火车上，我们正好同行。一路上，殷主任亦师亦友地鼓励我：面对成绩要自信，要有把自己的专业成长经验分享给年轻教师的责任和义务，做教研员要上课、要做课题、要搞专业写作，一定要做"上得理论的厅堂，下得实践的厨房"的专家型教研员……不知不觉，我们竟聊了五个多小时。我笑着总结说："与君一路语，胜读一车书啊!"殷主任的指引，让我的教研思路更加明晰，也让我在专业成长的道路上更加自信地前行。

2010 年起，我正式提出了"厚重课堂"的教学主张，并将其申报立项为省级重点课题，带领老师们做深度研究。在开题会上，省教研室的教研员刘富森老师和姚鸿雁老师亲自到会并做热情指导。在长达三年的课题研究中，他们跟进指导并给予了更多支持和帮助。让我们的课题研究有温度、有深度，浸满了浓浓爱意。

我们也感激并铭记全国众多知名专家对"厚重课堂"的专业引领和题词鼓励。

吴正宪老师："专业地读懂教材，用心地读懂学生，智慧地读懂课堂。"

刘德武老师："大潮中，最炫目的是那洁白的浪花，而造就浪花的是浩瀚的大海和坚硬而冰冷的礁石。"

黄爱华老师："厚重课堂，研究大问题，提供大空间，呈现大格局。"

钱守旺老师："有好的教师，才能有好的教育。只有智慧型的教师才能培养有智慧的学生。研究厚重课堂，打造厚重教师，铸就厚重人生。”

许卫兵老师：“大道至简，厚积薄发，智慧教学，共育栋梁。”

梁秋莲老师：“实验探索，尝试创新，群体努力，成果累累。”

殷宪宾老师：“开展专题研究，提升教师素质，使课堂教学更厚重、高效。”

赵琦老师：“愿厚重课堂这朵小浪花在教学改革的大潮中奔腾不息！”

…………

在进行课题研究的几年里，从“开题会”到“阶段总结会”到“成果推广会”，会场都会有教育局分管教研工作的代廷安局长的身影。他的到会对我们是莫大的鼓舞，他的讲话对我们是极大的鞭策，而这些，都转化为了我们工作的动力。

2016年，我们课题研究荣获了省基础教育教学成果一等奖。省教研室课题办的杨伟东主任握着我的手，祝贺我们取得的成绩，并鼓励我：“这几年带领基层老师们做得真不错！把成果再做整理和提升，有机会参加全国成果奖的评选！”杨主任的肯定和鼓励又给了我坚定走科研促教的信心和勇气。

2017年5月，我的一篇文章《您是老师吧？》发表在《小学教学（数学版）》第5期，济源的教研员苗东军老师第一时间截图并转发给微信里的同行们：“敬佩张老师的教育情怀！”信阳浉河区的教研员王晓僵老师也发短信给我：“在教研员中，我很佩服您。在您这里，我学到了很多很多，谢谢张老师！”专家同行的认可和鼓励，给了我无穷的写作动力。

在我被评为河南省特级教师后，市教育局马京克副局长第一时间通过微信鼓励并教育我：“要不忘初心，砥砺前行！”在我通过正高级教师评审后，我又第一时间收到了单位新上任的吴良主任的祝贺：“此刻，应该感谢努力的自己，静思未来的自己，时刻把持好自己。”领导们的关心和肯定让我温暖幸福，他们的教导和提醒让我知道了怎样冷静地面对成绩和荣誉，做更好的自己。

在我因为想偷懒而找理由准备放弃完成这部书稿的时候，大象出版社的梁金蓝老师鼓励我要坚持，再忙也要学会“逼自己一把”。我惭愧的同时又明白了不能轻言放弃的道理。

在我人生最低谷的一段时间里，恩师赵琦老师一直教育我不能忘了自己的初心，不能气馁，要敢于面对任何困难。要像睡莲一样学会沉潜内修，强根固本……我知道，是她的教导，让我做到了迎风冒雨，迎难而上，懂得了“只要在暗处执着生长，定会换来馥郁芳香”的人生哲理。

在我十几年的教研生涯中，吴正宪师父以她的言传身教引领着我，让我明白教研工作要扎根一线，教研员要不离课堂，做好教研员要先做好教师；她以她的德艺双馨影响着我，让我知道教学工作要师德为先，育人为重，做好教师要先做好人。我在师父潜移默化的影响带动下，努力学习“做人、做教师、做学问”。

从教近三十年来，家人一直是我追求教育梦想的坚强后盾。1999 年 8 月中旬，父亲被查出肝癌晚期，我面临开学后的又一届毕业班，一岁半的孩子被奶奶带回了农村老家，我们姐弟几个奔波于单位和医院之间。父母坚决不让我们耽误工作，白天由母亲陪护，只允许我们下班后再去医院看望。开学第一个月，我按照父母的要求，没有耽误一节课，没有少改一本作业。父亲走的那天是国庆节，我们在假期内办理了父亲的后事，假期结束我们就都返回到了工作岗位。我们感慨，这是父亲怕影响我们的工作，所以他算好了时间……

父亲走后，母亲便挑起了为我们带孩子、做家务的重担。2017 年的暑假，母亲突然患病昏迷，我们姐弟几个都把预订的旅游或外出学习培训的车票退掉了。母亲醒来后，执意要求有外出培训任务的我不能请假，姐弟几个也纷纷表态支持我的学习。就这样，我把重病的母亲交给了姐姐和弟弟，带着家人的理解和支持参加了为期十天的外出学习培训……

在我取得成绩沾沾自喜的时候，老公总会用他“讽刺挖苦”的方式提醒我：要戒骄戒躁，要低调做人。虽然当时很是委屈，但事后总是充满感激，因为，只有真正关爱自己的人才会如此直言不讳地提醒。

儿子是个高情商的孩子，面对如此“工作狂”的妈妈，他从来没有抱怨过对他的关心不够，反而视妈妈为骄傲。在我取得成绩的第一时间，总能收到儿子的信息：“妈妈，我爱您！您是我的骄傲！”

…………

在成长的日子里，我得到了太多太多的爱。这一份份沉甸甸的爱，让我体验和收获到了人与人之间的一份份真情。正是这一份份真情，促使我更加热爱事业，醉心教育，痴心不改。

此刻，我的耳边响起了《心会跟爱一起走》这首歌：“为爱搭建宽阔的天空，容许爱有更遥远的梦……”是啊，在教育的这方热土上，是爱为我搭建了宽阔的天空，我的爱也有了更遥远的梦。我坚信自己能够做到“心会跟爱一起走，永远不回头……”

最后，我要特别感谢我们这个优秀的学科团队！“一花独放不是春，百花齐放春满园”，感谢大家一路相伴，相互学习，共同成长，用集体的智慧结晶出了“厚重课堂”的累累硕果，绽放出了课堂教学的浓浓芳香！

还要感谢曾经给予我各种帮助和鼓励的亲朋好友们！由于篇幅有限，在这里一并向你们表达最崇高的敬意和深深的谢意！

由于本人水平有限，书中难免有这样那样的问题存在。真诚期望大家的批评和指正！

张红娜